"十二五"国家重点图书出版规划项目

社会系列

阜新史话

A Brief History of Fuxin

张海鹰 主编

社会科学文献出版社
SOCIAL SCIENCES ACADEMIC PRESS (CHINA)

总　序

  中国是一个有着悠久文化历史的古老国度，从传说中的三皇五帝到中华人民共和国的建立，生活在这片土地上的人们从来都没有停止过探寻、创造的脚步。长沙马王堆出土的轻若烟雾、薄如蝉翼的素纱衣向世人昭示着古人在丝绸纺织、制作方面所达到的高度；敦煌莫高窟近五百个洞窟中的两千多尊彩塑雕像和大量的彩绘壁画又向世人显示了古人在雕塑和绘画方面所取得的成绩；还有青铜器、唐三彩、园林建筑、宫殿建筑，以及书法、诗歌、茶道、中医等物质与非物质文化遗产，它们无不向世人展示了中华五千年文化的灿烂与辉煌，展示了中国这一古老国度的魅力与绚烂。这是一份宝贵的遗产，值得我们每一位炎黄子孙珍视。

  历史不会永远眷顾任何一个民族或一个国家，当世界进入近代之时，曾经一千多年雄踞世界发展高峰的古老中国，从巅峰跌落。1840 年鸦片战争的炮声打破了清帝国"天朝上国"的迷梦，从此中国沦为被列强宰割的羔羊。一个个不平等条约的签订，不仅使中国大量的白银外流，更使中国的领土一步步被列强侵占，国库亏空，民不聊生。东方古国曾经拥有的辉煌，也随着西方列强坚船利炮的轰击而烟消云散，中国一步步堕入了半殖民地的深渊。不甘屈服的中国人民也由此开始了救国救民、富国图强的抗争之路。从洋务运动到维新变法，从太平天国到辛亥革命，从五四运动到中国共产党领导的新民主主义革命，中国人民屡败屡战，终于认识到了"只有社会主义才能救中国，只有社会主义才能发展中国"这一道理。中国共产党领导中国人民推倒三座大山，建立了新中国，从此饱受屈辱与蹂躏的中国人民站起来了。古老的中国焕发出新的生机与活力，摆脱了任人宰割与欺侮的历史，屹立于世界民族之林。每一位中华儿女应当了解中华民族数千年的文明史，也应当牢记鸦片战争以来一百多年民族屈辱的历史。

当我们步入全球化大潮的21世纪，信息技术革命迅猛发展，地区之间的交流壁垒被互联网之类的新兴交流工具所打破，世界的多元性展示在世人面前。世界上任何一个区域都不可避免地存在着两种以上文化的交汇与碰撞，但不可否认的是，近些年来，随着市场经济的大潮，西方文化扑面而来，有些人唯西方为时尚，把民族的传统丢在一边。大批年轻人甚至比西方人还热衷于圣诞节、情人节与洋快餐，对我国各民族的重大节日以及中国历史的基本知识却茫然无知，这是中华民族实现复兴大业中的重大忧患。

中国之所以为中国，中华民族之所以历数千年而不分离，根基就在于五千年来一脉相传的中华文明。如果丢弃了千百年来一脉相承的文化，任凭外来文化随意浸染，很难设想13亿中国人到哪里去寻找民族向心力和凝聚力。在推进社会主义现代化、实现民族复兴的伟大事业中，大力弘扬优秀的中华民族文化和民族精神，弘扬中华文化的爱国主义传统和民族自尊意识，在建设中国特色社会主义的进程中，构建具有中国特色的文化价值体系，光大中华民族的优秀传统文化是一件任重而道远的事业。

当前，我国进入了经济体制深刻变革、社会结构深刻变动、利益格局深刻调整、思想观念深刻变化的新的历史时期。面对新的历史任务和来自各方的新挑战，全党和全国人民都需要学习和把握社会主义核心价值体系，进一步形成全社会共同的理想信念和道德规范，打牢全党全国各族人民团结奋斗的思想道德基础，形成全民族奋发向上的精神力量，这是我们建设社会主义和谐社会的思想保证。中国社会科学院作为国家社会科学研究的机构，有责任为此作出贡献。我们在编写出版《中华文明史话》与《百年中国史话》的基础上，组织院内外各研究领域的专家，融合近年来的最新研究，编辑出版大型历史知识系列丛书——《中国史话》，其目的就在于为广大人民群众尤其是青少年提供一套较为完整、准确地介绍中国历史和传统文化的普及类系列丛书，从而使生活在信息时代的人们尤其是青少年能够了解自己祖先的历史，在东西南北文化的交流中由知己到知彼，善于取人之长补己之短，在中国与世界各国愈来愈深的文化交融中，保持自己的本色与特色，将中华民族自强不息、厚德载物的精神永远发扬下去。

《中国史话》系列丛书首批计200种，每种10万字左右，主要从政治、经济、文化、军事、哲学、艺术、科技、饮食、服饰、交通、建筑等各个方面介绍了从古至今数千年来中华文明发展和变迁的历史。这些历史不仅展现了中华五千年文化的辉煌，展现了先民的智慧与创造精神，而且展现了中国人民的不屈与抗争精神。我们衷心地希望这套普及历史知识的丛书对广大人民群众进一步了解中华民族的优秀文化传统，增强民族自尊心和自豪感发挥应有的作用，鼓舞广大人民群众特别是新一代的劳动者和建设者在建设中国特色社会主义的道路上不断阔步前进，为我们祖国美好的未来贡献更大的力量。

陈奎元

2011 年 4 月

出版说明

自古至今，始终坚持不懈地从漫长的文明进程中不断总结历史经验教训，从中汲取有益营养，从而培植广阔的历史视野，并具有浓厚的历史意识，这是我们中国文化独有的鲜明特征，中华民族亦因此而以悠久的"重史"传统著称于世。在整个人类文明史上独一无二、系统完备的"二十四史"即证明了这一点。

中华人民共和国成立后，历史知识普及工作被放到十分重要的位置。20世纪五六十年代，著名历史学家吴晗主持编写的《中国历史小丛书》，90年代中国社会科学院院长胡绳组织编写的《中华文明史话》和《百年中国史话》，成为"大家小书"的典范，而后两套历史知识普及丛书正是《中国史话》之缘起。

2010年年初，为切实贯彻中央关于"做好历史知识普及工作"的指示精神，同时也为了更好地弘扬中国传统文化，我们对《中华文明史话》和《百年中国史话》

两套丛书的内容进行了修订和增补，重新设计框架，以
"中国史话"为丛书名出版。第十一届全国政协副主
席、时任中国社会科学院院长陈奎元亲任《中国史话》
一期编委会主任，时任中国社会科学院副院长武寅任编
委会副主任。正是有了各级领导的关心支持和诸多学术
名家的积极参与，《中国史话》一期 200 种图书得以顺
利出版，并广受好评。

《中国史话》丛书的诞生，为历史知识普及传播途
径的发展成熟，提供了一种卓具新意的形式。这种形式
具有以通俗表述、适中篇幅和专题形式展现可靠历史知
识的特征。通俗、可靠、适中、专题，是史话作品缺一
不可的要素，也是区别于其他所有研究专著、稗官野
史、小说演义类历史读物的独有特征。

囿于当时条件，《中国史话》一期的出版形式不尽
如人意，其内容更有可以拓展的广阔空间，为此 2013 年
4 月我们启动了《中国史话》二期出版工作。《中国史
话》二期分为经济、政治、文化、社会和生态五大系
列，拟对中国各区域、各行业、各民族等的发展历史予
以全方位介绍。我们并将在适当时机，启动《世界史
话》的出版工作。史话总规模将达数千种。

我们愿携手海内外专家学者，将《中国史话》《世
界史话》打造成以现代意识展现全部人类历史和人类文
明，集学术性、知识性、趣味性于一体的"万有文

库"；并将承载如此丰厚内容的史话体写作与出版努力锻造成新时期独具特色的出版形态。

希望史话丛书能在形塑民族历史记忆、汲取人类文明精华、培育现代国民方面有所贡献，并为广大读者所喜爱。

史话编辑部

2014 年 6 月

目 录
Contents

序

　　《阜新史话》是大型历史文化系列丛书《中国史话》的组成部分。阜新市的区域历史文化图书能够入选"十二五"国家重点图书出版规划项目，是一件值得我们骄傲和自豪的事情。

　　阜新市位于辽宁省西北部。1940 年设市，市名寓"物阜民丰，焕然一新"之意。全市总面积 10355 平方公里，总人口 193 万，其中城镇人口 95.5 万。全市少数民族人口 29.8 万，其中蒙古族 22 万，占少数民族人口的 73.83%。

　　阜新具有悠久的历史文化。阜新是红山文化的源头之一，距今 7600 多年的查海古人类遗址被誉为"玉龙故乡，文明发端"。在辽代，这里是契丹民族的主要活动区域。在清朝，阜新是东北藏传佛教文化中心，由康熙、乾隆、道光皇帝钦赐匾额的瑞应寺、普安寺、佑安寺、积庆寺声名远播。阜新蒙古勒津文化已有 400 多年历史，在东北少数民族文化发展史上占有重要地位。阜新被誉为"中国玛瑙之都"，所产玛瑙与大连水晶、岫岩玉石并称"辽宁三宝"。

阜新人民创造了辉煌的现代文明。"一五"时期国家 156 个重点项目中的 4 个煤炭和电力工业项目建在阜新，使阜新成为共和国最早建立起来的能源基地之一。阜新发电厂是当时亚洲第一大电厂，投产发电时毛泽东主席曾来电祝贺；海州露天矿是当时亚洲最大的露天煤矿，其景观曾被用作人民币和邮票图案。60 多年来，阜新累计生产原煤 7 亿多吨，发电 3000 多亿千瓦时，为国家经济建设做出了重要贡献。

《阜新史话》是阜新地区 8000 年的开发史，也是阜新人民的革命斗争史、艰苦创业史和改革开放史。它包括市情概览，历史沿革，史海钩沉，地方文化，自然、人文景观及展馆，现代风貌，共六章，真实地展现了阜新古老的历史和悠久的文化以及雄浑壮丽的自然景观和人文景观。

《阜新史话》是弘扬传承中华区域历史文化的形象载体，是广大读者全面系统地了解阜新的普及读物。同时，也为从事社会科学研究的专家学者提供了具有参考价值的乡土史料。

当前，阜新正处于转型振兴的重要时期和全面建成小康社会的关键时期。希望全市广大干部群众特别是青少年认真阅读本书，做到"知我历史，爱我家乡"，发扬优良革命传统和改革创新精神，高举中国特色社会主义伟大旗帜，锐意进取，攻坚克难，为实现转型振兴的宏伟目标，把阜新建设得更加美好而努力奋斗。

　　本书付印前，承蒙《中国史话》编辑委员会专家学者惠予审阅、悉心指导。在此，谨致深切的感谢！

2014 年 9 月

一　市情概览

阜新市系辽宁省辖市，位于辽宁西北，地域辽阔，地势地
貌雄浑壮观，资源丰富，人口和民族众多。

1 地理位置

阜新市东与沈阳市的康平、法库两县毗邻，西与朝阳市辖
北票市接壤，南邻锦州市的义县、北镇市、黑山县和沈阳市的
新民市，北靠内蒙古自治区通辽市的奈曼旗、库伦旗和科尔沁
左翼后旗。全境呈矩形，中轴斜交于北纬42°10′和东经122°0′
的交点上。全地区东西长170公里，南北宽84公里，总面积
10355平方公里，其中城市规划区面积674.02平方公里。

阜新市南靠渤海辽东湾，距营口港200公里；西与京津地
区襟衣相连，距锦州港110公里，是环渤海经济区的组成部
分。阜新市与省会沈阳市直线距离147.5公里，是辽宁中部城
市群经济区城市之一。

阜新市区细河

阜新交通便利,铁路大郑线(大虎山—郑家屯)、新义线(新立屯—义县)穿境而过。开通了阜新至上海、阜新至北京的旅客列车。途经阜新的京沈高速铁路,阜新至内蒙古自治区锡林郭勒盟的巴新铁路正在开工建设。公路四通八达,境内有国道京沈公路(北京—沈阳)、丹霍公路(丹东—霍林河),锦州至阜新、沈阳至彰武、阜新至铁岭、阜新至朝阳、阜新至盘锦、彰武至阿尔乡的高速公路,在全国率先实现县县通高速。按人口和面积比例,通高速公路总里程和密度已跃居全省前列,达到全国先进水平。阜新已经成为辽宁西北部和内蒙古东部的交通枢纽,成为连接东北与华北的第二条重要通道。

2　地势地貌

阜新市北为科尔沁沙地,东接辽河平原,西连努鲁儿虎山，西南为医巫闾山山脉，属内蒙古草原与华北石质山地过渡带，地势西北高，东南低；西南高，东北低。海拔最高点为西北部的乌兰木图山，831.4 米；海拔最低点为东南部的阜新蒙古族自治县十家子镇南甸子村，48.5 米。

阜新市丘陵山地分布较广，占总面积的58%，风沙地占19%，平原占23%。境内主要山脉有乌兰木图山、骆驼山、大青山、青龙山、海棠山和伊吗图山等。

低山丘陵区，主要分布在阜新市西南部，属于医巫闾山山脉向东北的延伸部分，地势雄伟壮观。有超过海拔500 米的山峰300 多座。高低不等的丘陵散布在这些山脉中间，成为低山丘陵区。范围包括阜新蒙古族自治县的国华乡、卧凤沟乡的少部分，新民镇、大板镇大部分地区，富荣镇、太平区水泉镇、新邱区长营子镇的少部分地区，阜新蒙古族自治县大巴镇和苍土乡的部分地区。在大巴镇南部道不代村往北，低山丘陵向两侧分支：东侧到苍土乡与大巴镇间的北大山，西侧隔河延伸到关山（海拔438 米）。

散山丘陵区，处于细河盆地北侧，是小松岭山脉和努鲁儿虎山山脉向东北延伸部分，山地呈零散分布，形成各占一方的格局。丘陵海拔在200 ~ 500 米，错落起伏，遍布全区。从东往西包括阜新蒙古族自治县的平安地镇、旧庙镇、塔营子镇、扎兰营子镇、务欢池镇、沙拉镇、招束沟镇、阜新镇、哈达户稍镇、八家子镇、大五家子镇、红帽子镇、王府镇、佛寺镇、七家子镇、紫都台镇、化石戈镇、于寺镇、太平乡少部分地区。在散山丘陵间混杂着各式各样的低地，形成质地和形状不同的农田。

由于构造不同，以及各种环境因素，散山丘陵区山地的大小和外貌明显不同：一是山峰险峻、植被丰富、地域广阔的山地。这类山地有乌兰木图山、大青山、东骆驼山、老鹰窝山。二是单面山。一面为直立的陡壁；另一面为漫长的山坡。这类山地有西骆驼山、平顶山、伊吗图山。三是山域较小的孤山。此类山地似金字塔状，但峰顶多为浑圆状、无锐峰，植被稀少，岩石裸露，显得孤独荒凉。这类山地主要有元宝山、黑山、章古台山、哈大图山、牛奋格勒山、城子山。四是大片丘陵地上的孤山。扎兰营子镇和沙拉镇之间的查哈尔山即属此种类型，海拔 592.1 米。

散山丘陵是辽河水系和大凌河水系的分水岭。山地与山地遥相呼应，构成西南—东北向的大屏障，对界外的内蒙古高原沙地的外延起明显的屏障作用。同时，对环境各要素——气候、土壤、植被、水文等都产生很大的影响，使阜新市成为内蒙古高原和辽河平原的过渡带。

平原分为冲积平原和剥蚀平原。阜新市的冲积平原主要由柳河、绕阳河和养息牧河及其支流冲积而成。此类地形包括彰武县东六家子镇、西六家子蒙古族满族乡、苇子沟蒙古族乡的大部分地区；两家子乡、五峰镇、二道河子蒙古族乡、彰武镇、兴隆山乡、兴隆堡乡、后新秋镇西部；冯家镇南部，前福兴地镇、双庙镇、大冷镇南部，满堂红镇南部、平安乡、丰田乡以及阜新蒙古族自治县泡子镇东部等乡镇。剥蚀平原，主要分布在阜新蒙古族自治县的建设镇和大固本镇。原为低缓丘陵，经漫长时期的侵蚀和剥蚀,地势多呈微坡的外表,地势多在海拔 100 米左右,地表形态微缓起伏,是阜新市的重要粮仓。

盆地。细河盆地主要分布在阜新市的低山丘陵区和散山丘陵区之间的细河流域。盆地的平原轮廓为东北西南向的舟形。细河盆地冲积和沉积的主流是细河,各地宽窄不一,上游宽处有 15 公里,最窄处仅有 1 公里左右(东梁镇)。全长 50 多公里。细河盆地包括阜新市区,阜新蒙古族自治县县城、东梁镇、伊吗图镇、新民镇和扎兰营子镇大部分地区、卧凤沟乡部分地区。

沙地。柳河流入彰武县境后,从闹德海开始,把大量的沙土运到彰武县境内,逐渐形成沙地。因该地处于西风带,沙土被水运到彰武县境以后,西风又将沙土东运,形成柳河以东的大片沙地,包括大冷镇北部、章古台镇和阿尔乡镇。

3 自然资源

土地资源。阜新市土地总面积为 1554.3 万亩,农村人均 14 亩,比全省人均高 1.4 倍。其中耕地 546 万亩,农村人均占有耕地 5.6 亩,居全省首位,是全国人均耕地的 4 倍。

矿产资源。截至 2012 年年底,阜新市已发现各类矿产 46 种,占全省已知 110 种矿产的 42%,矿点以上矿产地 400 余处,经过地质勘查获得储量的有 30 种,其中 10 种矿产列入辽宁省矿产储量表中。阜新市煤炭保有储量 7.7 亿吨。煤层气保有储量 220 亿立方米。油页岩保有储量 1.5 亿吨。泥炭探明资源储量 107 万吨。地下热水面积达 150 平方公里,已探明累计日出水量 6000 立方米以上的地热资源 1 处，水温高达 71 摄氏度，出水量大，富含丰富的矿物元素，具有较高的医疗保健和饮品开发价值。石油、天然气也有较好的储量前景。金矿分布较广，大中型矿床集中，黄金成色较好，黄金储量 17.5 吨。铁矿探明储量 4000 多万吨。阜新市非金属矿产资源极为丰富，硅砂已探明储量 1700 万吨；膨润土资源储量 1 亿吨以上；紫砂陶土保有资源储量 1000 万吨；大理岩资源储量 3000 万吨以上；石灰岩矿资源储量 1200 万吨；花岗岩 1700 万吨；萤石资源储量 150 万吨；麦饭石保有资源储量 1.2 亿吨。

森林资源。2012 年，全市林业规划用地面积 610 万亩。其中有林地面积 499.98 万亩，森林覆盖率达到 32.29%。活立木蓄积量达到 1023 万立方米。有国家级自然保护区 2 个：海棠山国家级自然保护区、章古台国家级自然保护区；省级自然保护区 2 个：老鹰窝山省级自然保护区、关山省级自然保护区。以仁用杏、大枣、文冠果等为主的经济林约 90 万亩。生态公益林补偿面积 363.4 万亩，其中国家级 252.8 万亩，省级 110.6 万亩。

阜新市是全国三北防护林建设的重点地区之一，由于历史和人为因素的作用，林业基础薄弱，森林植被稀少，自然生态系统被破坏，迄今所建立的森林生态系统还相当脆弱。2000 年环境现状调查资料显示，全市仍有中强度侵蚀土地面积 672.7 万亩，占全市土地面积的 43%；沙漠化土地面积 403 万亩，占全市土地面积的 26%。

动植物资源。阜新市境内既有森林、农田、平原、沙丘，又有河流、湿地等多种地理景观，生态环境独特，野生动物资

海棠山

源丰富。有保护性野生动物 22 目 68 科 313 种。兽类，阜新市共有 5 目 10 科 16 种，占辽宁省 68 种（陆生兽类）的 23%。其中属国家二级保护野生兽类有黄羊 1 种；属省重点保护野生兽类有狼、狐狸、貉、黄鼬、艾虎、狗獾、豹猫、狍、野猪、普通刺猬 10 种；属国家和省保护的有益或者有重要经济、科学研究价值的野生动物有松鼠、飞鼠、花鼠、麝鼠、草兔 5 种。鸟类，全市共有 15 目 53 科 277 种，占全省 383 种的 71%。其中留鸟有 49 种，占全市鸟类总数的 17%。夏候鸟有 109 种，占全市鸟类总数的 37%。旅鸟有 101 种，占全市鸟类总数的 36%。冬候鸟有 18 种，占全市鸟类总数的 6%。国家一级保护鸟类有 8 种：东方白鹳、黑鹳、中华秋沙鸭、白尾海雕、白头鹤、丹顶鹤、白鹤、大鸨。国家二级保护鸟类有白琵鹭、小天鹅、猎隼等 38 种。

阜新市地处华北、内蒙古和长白山三个植物区的交汇地带，野生植物种类繁多。据阜新市森林资源二类清查统计，到 2005 年年底，阜新市有高等植物 985 种，分别归属于 127 个科。其中木本植物和草本植物 843 种，占 87%；苔藓植物 121 种，占 11%；蕨类植物 21 种，占 2%；真菌 109 种，分别归属于 29 个科。主要树种有油松、樟子松、侧柏、杨树、柳树、蒙古栎、家榆、山杏、刺槐、胡枝子、锦鸡儿、荆条及经济树种大扁杏、山杏等。

水资源。阜新地区为辽河和大凌河两大流域所控制。辽河水系包括绕阳河、柳河、养息牧河、秀水河。其中绕阳河在阜新境内河长 114 公里，流域面积 3689 平方公里；柳河在境内河长 188 公里，流域面积 1739 平方公里；养息牧河在境内河长 77 公里，流域面积 1495 平方公里；秀水河在境内河长 17 公里，流域面积 293 平方公里。大凌河水系包括细河和牤牛河。细河在境内河长 86 公里，流域面积 2242 平方公里；牤牛河在境内河长 41 公里，流域面积 897 平方公里。全地区长 5 公里以上河流共有 313 条，总长 3827.5 公里，其中流域面积大于 300 平方公里的主要河流有 14 条。

据辽宁省第二次水资源评价成果（1956～2000），阜新市水资源总量为 8.42 亿立方米，其中地表水 4.91 亿立方米，地下水 5.22 亿立方米，重复水量 1.71 亿立方米。地表水可利用量 1.82 亿立方米，地下水可利用量 3.48 亿立方米。阜新境内多年平均降水 480 毫米（1956～2000），年降水总量 49.7 亿立方米。降水时空分布不均，从东南到西北递减，汛期降水和径流均占全年 70% 左右，丰枯年径流量相差 5～30 倍，为季节性、高含沙水流，需要建蓄水工程进行调节，并处理好水沙关系，才能有效利用。地下水补给来源主要为大气降水。阜新地区属于干旱少水区，地下水不丰富，而且分布不均。

风力资源。阜新市拥有丰富的风力资源。阜新市位于北半球西风带，受高空北支急流和东亚季风影响，形成多风的气候特点。市区和阜新蒙古族自治县年平均风速为 2.3 米/秒，最大值为 23.0 米/秒；彰武县年平均风速为 3.6 米/秒，最大值为 25.0 米/秒。

气候。阜新市气候属北温带半干旱大陆性季风气候区，四季分明，雨热同季。四季是以平均气温高于 20 摄氏度为夏季，低于 3 摄氏度为冬季，介于二者之间的气温分别为春、秋季。年均气温 7.6 摄氏度。阜新市光照充足，日照时数 2868 小时/年，是辽宁省太阳能最丰富的地区。阜新年均降水量 481 毫米，大水面蒸发量 1400～1800 毫米。无霜期 154 天。

4 行政区划

阜新市有 5 个市辖区：海州区、细河区、太平区、新邱区、清河门区；2 个县：阜新蒙古族自治县、彰武县。此外，有辽宁阜新经济技术开发区、辽宁阜新高新技术产业园区。全市共有 30 个街道办事处，3 个管委会；65 个乡镇，其中镇 52 个、乡 13 个、村 619 个。全市共有社区 187 个。

海州区辖韩家店镇，新兴、和平、西山、河北、站前、西阜新、五龙、平安西部、工人村、东梁 10 个街道和王营管委会。

细河区辖四合镇，北苑、西苑、东苑、中苑、学苑、华东 6 个街道和六家子、沙海 2 个管委会。

太平区辖水泉镇，红树、煤海、高德、城南、孙家湾 5 个街道。

新邱区辖长营子镇，中兴、兴隆、新发、益民 4 个街道。

清河门区辖乌龙坝镇、河西镇，清河、艾友、六台、新北 4 个街道。

阜新蒙古族自治县辖城区街道办事处，阜新镇、泡子镇、东梁镇、伊吗图镇、旧庙镇、务欢池镇、建设镇、大巴镇、王府镇、于寺镇、福兴地镇、佛寺镇、沙拉镇、大固本镇、十家子镇、大五家子镇、平安地镇、富荣镇、大板镇、新民镇、招束沟镇、八家子镇、七家子镇、蜘蛛山镇、塔营子镇、扎兰营子镇、红帽子镇、老河土镇、哈达户稍镇、化石戈镇、紫都台镇、卧凤沟乡、苍土乡、太平乡、国华乡，计 35 个乡镇。

彰武县辖彰武镇、东六家子镇、冯家镇、哈尔套镇、章古台镇、五峰镇、后新秋镇、阿尔乡镇、苇子沟镇、双庙镇、前福兴地镇、大四家子镇、满堂红镇、四合城镇、大冷镇、平安乡、四堡子乡、二道河子蒙古族乡、兴隆山乡、兴隆堡乡、西六家子蒙古族满族乡、两家子乡、丰田乡、大德乡，计 24 个乡镇。

5 人口、民族

2012 年，阜新市总户数 674186 户，总人口 1915754 人，其中城市人口 865121 人，农村人口 1050633 人，人口密度为 185 人/平方公里。

阜新市是多民族聚居地区，也是全省民族工作重点市之一。全市辖 1 个蒙古族自治县，2 个民族乡和 4 个享受民族乡待遇的镇，7 个民族聚居乡镇，民族地区面积占全市总面积的 65%。据 2010 年开展的全国第六次人口普查，全市有少数民族人口 26.67 万人，少数民族成分 36 个，人口超千人的少数民族有蒙古族（20 万）、满族（5.2 万）、回族（0.7 万）、锡伯族（0.3 万），少数民族人口占全市总人口的 14.7%。

阜新蒙古族

阜新市有佛教、伊斯兰教、天主教、基督教 4 种宗教。2012 年有市级宗教团体 6 个，宗教教职人员 164 人，依法登记的宗教活动场所 80 处。瑞应寺、普安寺和民主天主教堂等宗教活动场所历史悠久，在全省乃至全国负有盛名。

二 历史沿革

　　阜新历史悠久。八千年前，我国古代先民查海人就在这里创造了灿烂的查海文化。阜新也是辽文化的发祥地之一。明末清初，蒙古族人民来到这里，在广阔的草原上驻牧。清朝晚期，随着草原的开垦，汉族移民大量涌入，彰武县和阜新县先后设立。1940 年，阜新市因煤而立。

1 中华文明的发源地之一

　　八千年前的阜新地区，气候温暖湿润，森林茂密，动物种类繁多，土质肥沃，水草茂盛。生活在这里的查海人是开发阜新的先民。查海遗址是我国北方地区迄今为止保存最完整、文化内涵最为丰富的新石器时代早期人类聚落遗址之一。遗址位于阜新蒙古族自治县沙拉镇查海村南约 2.5 公里处，坐落在一个漫圆丘岗南坡台地上，总面积 3 万多平方米，已发掘面积 8000 平方米，出土了石器、玉器、陶器等各类文物数千件，还有用红褐色石块堆塑的长达 19.7 米的石堆塑龙及房址、墓穴。出土的原始农业生产工具证明"查海人"为古代中国北方"第一代农人",证明了地处辽河流域的阜新大地是中华文明的发源地之一。

五千多年前,在阜新地区发展起来的新石器时代文明是红山文化(红山,位于赤峰市城区东北英金河畔,在红山首先发现我国北方地区五千多年前新石器时代考古文化,称为红山文化)。阜新地处辽河流域和大凌河流域,由东向西广泛分布着红山文化遗存。特别是阜新蒙古族自治县化石戈镇胡头沟玉器墓葬和祭坛的发现,反映了阜新地区红山文化的兴盛与发达。胡头沟祭坛围绕着丘顶,分上下 3 层,沿着土丘的坡度用石块围筑而成,是迄今发现的红山文化祭坛中规模最宏大的祭坛。胡头沟环丘祭坛,可以说是五千年前屹立在阜新地区的"天坛",闪现着中华古老文明的曙光。

红山文化,相当于传说的三皇(燧人氏、伏羲氏、炎帝神农氏)五帝的五帝时代。五帝有多种说法,按《史记》记载,黄帝、颛顼、帝喾、唐尧、虞舜为五帝,其中黄帝、颛顼、帝喾都曾以辽河和大凌河流域的阜新、朝阳、赤峰、沈阳地区为主要活动区域。继黄帝之后,约四千五百年前我国北方和东北方的帝王是颛顼。《史记》中说颛顼是黄帝之孙,黄帝崩,颛顼立。传说他在位 70 年,天下大治,人民安居乐业。文献记载,今辽西曾是颛顼北方故地,阜新北部地区曾有"颛顼之墟"("墟",遗址、故地),曾经是颛顼统领各部族的中心。

2 夏商至隋唐时期少数民族游牧地

夏朝（约前 2070～前 1600）在今河北和辽西设置幽、营 2 州，地处辽西的阜新地区南部属幽州，北部属营州。

商朝（约前 1600～前 1046）初年，分封在今冀东和辽西地区的奴隶制诸侯国是孤竹国，阜新地区属孤竹国。孤竹国衰落于西周（前 1046～前 771），灭亡于东周春秋时期（前 770～前 476）。

西周至东周春秋时期，有山戎（匈奴的一支）、东胡人活动于阜新地区。东胡是一个部落联盟，因居匈奴即胡人以东而得名。东胡族系包括的部落和民族很多，如乌桓、鲜卑以及由鲜卑分化出的慕容、吐谷浑等部，此外还有契丹、女真等。他们都曾经是开发阜新地区的先民。

东周战国时期（前 475～前 221），燕长城横贯阜新境内，阜新燕长城以北仍属东胡，南部介于燕国辽西、辽东两郡之间。秦二世二年（前 208）匈奴大败东胡，阜新地区属匈奴左贤王管辖。西汉初期，属幽州刺史部，仍归匈奴左贤王管辖。汉武帝元狩四年（前 119）汉王朝打败匈奴后，属乌桓地。

在彰武县四堡子柳河段陡峭的河南岸上，树林里有燕、秦、汉长城的遗址，为黄土夯筑。在小南洼屯西南，有一古城遗址，城为土筑，平面长方形，城处沙丘地带，城内灌木丛生，地表为风沙所覆盖，此地即西汉时期辽西郡西安平县治所，乃燕、秦、汉长城线上的一个重要城池。西安平县，是阜新地区于两千多年前诞生的第一座城镇和行政管理机构，它的管辖区域曾到达今内蒙古赤峰市巴林左旗和通辽市西部。以西安平为中心，沿长城一线分布着众多障塞、城堡。朝廷从关内移民屯垦戍边，当时，阜新地区已有2万多户人口。

东汉时期，乌桓、鲜卑先后入驻阜新地区。三国时，阜新北部属鲜卑，南部属曹魏。西晋时，晋武帝泰始十年（274）阜新北部属鲜卑慕容部，南部、西南部属西晋平州昌黎郡。晋武帝太康十年（289），阜新全境属鲜卑慕容部管辖。东晋十六国时，阜新地区先后为前燕、前秦、后燕、北燕等几个更替的少数民族割据政权占据。南北朝时，阜新地区为契丹辖地。隋代，阜新北部为契丹辖地，南部属隋王朝燕郡。唐代初期，阜新北部属契丹辖地，南部属河北道北部的营州。唐太宗贞观二十二年（648），唐朝在契丹游牧地区设置松漠都督府，管辖今赤峰、通辽一带，阜新北部为松漠都督府辖，南部仍属营州（治所在今辽宁朝阳）。

3 从辽代的头下军州到明代的屯卫

契丹，原意为"镔铁"，契丹人以此为民族名称，来象征契丹人顽强的意志和坚不可摧的民族精神。一千多年前的唐朝末年，一个叫耶律阿保机的部落首领统一了契丹各部，并于公元916年在龙化州（旧址位于今内蒙古奈曼旗八仙筒）建立契丹国，太宗耶律德光改国号为辽。

辽圣宗耶律隆绪和皇妃萧耨斤生有两个女儿，一个叫岩母堇，一个叫槊古，在耶律隆绪 14 个女儿排行中分别是二公主和三公主。二公主岩母堇与圣宗仁德皇后萧菩萨哥的弟弟萧绍业结为夫妻，三公主槊古下嫁给北院枢密使萧孝惠。作为陪嫁，耶律隆绪赐给二女儿晋国公主岩母堇一座头下军州，三女儿燕国公主槊古一座头下军州。岩母堇公主的头下军州起初叫睦州，后来改为成州，就坐落在今阜新蒙古族自治县红帽子镇。槊古公主的头下军州名为懿州，即阜新蒙古族自治县塔营子镇古城。懿州隶属于上京临潢府（在内蒙古赤峰市巴林左旗），是辽圣宗太平三年（1023），辽圣宗耶律隆绪以 4000 户陪嫁的奴隶，连同土地一同赐之而成的，懿州军事管理机构为宁昌军。

塔营子镇懿州辽城遗址

头下军州，就是贵族的私城。头下军州的税收，除酒税交给政府外，其他均归头下军州的领主所有。头下军州的官吏除节度使外，都由头下军州的领主委派。头下军州的奴隶叫头下户，主要是汉人和渤海人（渤海国，是由粟末靺鞨即比较开化的女真族于唐代在我国东北建立的地方政权，后为辽灭掉），从事农业生产，有技艺的则令其从事手工业。辽代准许建筑城墙的头下军州共有16座，而在阜新地区经考证已经确定的就有9座。辽圣宗耶律隆绪时期，阜新地区已有3万多户，人口30万，兵丁多达56900人，成为辽朝经济最为发达的地区之一和重要的后方基地。

萧孝惠和槊古公主去世后，由于其亲子是和尚，没有继承人，槊古公主的女儿、辽道宗皇后萧观音就将懿州进献给朝廷，懿州由头下军州变成国家的行政州，也叫懿州，治所懿州城，由原来隶属于上京道改为隶属于东京（辽阳）道，下辖宁昌、顺安两县，范围相当于今阜新市大部。成州这座头下军州也因为没有继承人而被朝廷收回，改为行政州，下辖同昌县。州城、县城同在今红帽子镇古城。

辽天祚帝天庆七年（1117），女真人建立的金国大军兵发懿州，辽国懿州宁昌军节度使刘宏带领3000户百姓投降，被金国迁徙安置于咸平（今铁岭市开原）。金国保留了懿州建制，先隶属于咸平府，后改隶北京（内蒙古赤峰宁城）。宁昌县并入顺安县，懿州管辖顺安县、灵山县（今彰武、法库一带）。辽代阜新地区其他头下军州均废为村寨，并入邻近的州县。

元代将全国划分为10个行省，省辖路、府、州、县四级行政机构。阜新地区的懿州曾两次升为路，所管辖的除阜新境

内的同昌、顺安、灵山县外，还辖义州（今义县）、兴中府
（今朝阳部分地区）。管辖东北地区的辽阳行省省会也曾 3 次
由辽阳迁到懿州，阜新地区 3 次成为东北地区的政治、经济、
文化中心。

明太祖洪武元年（1368），明军攻陷元大都（今北京），
元顺帝逃到和林（故址在今蒙古国），史称北元，阜新地区仍
在北元的统治之下。洪武二十年（1387），明军收降北元在东
北的主要残余势力丞相纳哈出。洪武二十六年（1393），明廷
在阜新地区废除州县建制，在阜新中东部地区设广宁后屯卫，
隶属于辽东都指挥使司；在阜新西北地区设营州左屯卫，隶属
于北平都指挥使司，驻军屯田，实行军事化管理。卫，为明代
军事建制，一个屯卫相当于一个农垦师，有屯垦戍边军丁
5600 人，都带有家属，世代为军。明成祖永乐元年（1403），
营州左屯卫迁到顺义（今北京顺义县）；永乐八年（1410），
广宁后屯卫迁到义州（今义县），军屯户随同迁走。永乐年
间，明朝为防范蒙古和女真，又建立了辽西长城，阜新地区被
隔于长城之外，从此成为蒙古兀良哈等部的驻牧地，天苍苍，
野茫茫，风吹草低见牛羊。

4 土默特左翼旗与阜新县

察哈尔部是蒙古大汗的直辖部落。明世宗嘉靖三十五年
（1556），蒙古大汗达赉逊因受土默特部首领阿拉坦汗挤兑，
率察哈尔部从内蒙古中部徙牧于内蒙古东部和今辽宁西北

部。明神宗万历二十八年（1600），成吉思汗第二十二世孙、察哈尔部林丹继承蒙古大汗之位，设汗帐于白城子（今阜新蒙古族自治县泡子镇）。后金皇太极天聪六年（1632）三月，后金汗皇太极大举进攻林丹汗，林丹汗兵败弃归化城（今内蒙古呼和浩特）远走，两年后病死于大草滩（今甘肃天祝）。

蒙古勒津（即蒙古贞）部落是蒙古族古老而强悍的部落之一。早在15世纪北元时期，蒙古勒津部落同土默特部落一起驻牧于内蒙古河套地区。明万历年间，蒙古勒津部落有二三万人众，从河套地区迁徙驻牧于宣府边外，即今河北省张家口市宣化县长城外。明万历三十年（1602）后，与土默特之一部合在一处，驻牧于今河北赤城县龙门所口外。17世纪初，因躲避西进的林丹汗，蒙古勒津部落由兀良哈部落首领莽古岱之孙善巴率领向东迁徙至今阜新地区定居。

后金天聪三年（1629），善巴率部归顺后金。天聪九年（1635），皇太极诏编善巴所部80个佐领（即苏木章京，官职名，辖150~300名苏木壮丁；佐也是基本的户口和军事编制单位，即苏木，相当于乡），封善巴为扎萨克（旗长，也是世袭封建领主），授镇国公爵位。清太宗崇德二年（1637），清在今阜新蒙古族自治县境建土默特左翼旗，下辖18个扎兰（即甲刺章京，也叫参领，是旗下军事单位长官），分管80个佐领，卓索图盟（内蒙古一盟名，清初设置，在旧热河省东部，会盟地点在北票）设立后隶属于该盟。旗扎萨克府邸先后建在今阜新蒙古族自治县富荣镇、七家子镇，最后迁至今王府镇。由于土默特左翼旗的属民大部为蒙古勒津部落，所以民间称此地为蒙古勒津，今称蒙古贞。

土默特左翼旗王府

清朝中期以后，随着土默特左翼旗土地的逐渐开垦，汉民不断增多。开始汉民事务归朝阳县管理，清光绪二十八年（1902），热河都统锡良上奏朝廷，请在土默特左翼旗境建阜新县，实行县旗并存，蒙汉分治体制。光绪二十九年（1903）冬，阜新县正式建置，管理土默特左翼旗全境及奈曼旗南部和朝哈尔哈、唐图哈拉哈旗（均在今内蒙古库伦旗）的汉民事务，归朝阳府所辖。阜新县衙设在鄂尔土板（今奈曼旗青龙山），以"物阜民丰，焕然一新"语意，取"阜新"二字为县名。清宣统三年（1911）移县治于水泉（今阜新蒙古族自治县县城）。

5 从大清皇家牧场到彰武县

清崇德八年（1643）八月初九皇太极逝世，孝庄皇太后博尔济吉特氏的儿子福临登基，就是顺治皇帝。他是科尔沁部蒙古王公的外甥，科尔沁部蒙古王公就以 5000 头牛和 1 万只羊作为贺礼献给朝廷。朝廷为了妥善处理这些牛羊，遂决定就近在杨桂木河（今柳河）流域建立牧场。

林丹汗病故后，蒙古察哈尔部一些部属投降皇太极，隶属于满洲八旗，成为察哈尔八旗，被分别安置在河北张家口外和山西杀虎口外的草原。顺治四年（1647），朝廷派官员从察哈尔八旗征调来 32 户蒙古牧民，共 236 口人，千里迢迢，跋山涉水，风餐露宿，历尽艰辛，走了两年，于顺治六年（1649）四月到达杨桂木河流域。当时称杨桂木牧场，也叫苏鲁克牧场。苏鲁克，蒙古话，意思是牧主贷给别人放牧畜群。

清廷迁都北京后，东北的"三陵"（新宾永陵，沈阳福陵和昭陵）所需祭畜仍依靠苏鲁克牧场供应。康熙三十一年（1692），科尔沁左翼前旗宾图郡王和土默特左翼旗第四任扎萨克正式奉旨，将科尔沁左翼前旗大部土地和土默特左翼旗东部土地献给养息牧场主管机关盛京礼部管理，扩大了牧场。牧场东西 150 里，南北 250 里。由于牧场供"三陵"祭品，遂改名为养息牧场。牧场中心设在杜尔笔山（高山台山）下马帐房。由大清陪都盛京（沈阳）礼部管理的皇家牧场养息牧场，官员有四品总管、五品副总管、六品翼长；管理人员有领催（会计）、牧长、牧副。放牧人叫牧丁，也是皇家牧场的差役。牧长、牧副和牧丁，基本上来自征调的蒙古察哈尔八旗牧民及其后代。朝廷对养息牧场官员实行严格的奖惩制度。牧场的经营方式是朝廷以劳役的形式将牲畜拨给牧丁放牧，按定额年限和规定的提成比例向牧丁提取孳生繁殖的牛羊和畜产品。

养息牧场分为四大牧营：一是陈苏鲁克牧牛羊营，位于柳条边北，柳河以东，旧址包括今天彰武县东六家子、西六家子、苇子沟、二道河子、彰武镇、兴隆山、兴隆堡、前福兴地、冯家、大德、大冷等乡镇。二是哈达牧群马营，也叫马场，旧址在柳河以西，绕阳河以东，包括哈尔套、平安、丰田、双庙、五峰、两家子等乡镇。马场共历 124 年而裁撤。三是乾隆三十二年（1767）再次扩大的牧场，即新苏鲁克牧群牛营，旧址位于今彰武县四堡子乡和内蒙古库伦旗三家子镇及库伦镇白庙子等村屯。四是黑牛群牧营，旧址位于今五峰镇，是在马场裁撤后，由旧有牛群挑选黑牛设立的。

嘉庆十八年（1813），为安置锦州、北镇、义县等地的八旗兵丁，朝廷命盛京将军晋昌主持划定以柳河与绕阳河之间牧地为试垦区，并在申金花（后称衙门街，今彰武县平安乡平安村）设总管衙门，办理试垦事宜。

鸦片战争以后，东北边疆危机日益严重，清廷对外需付巨额赔款，对内需求大量饷银，为征收银两，清政府不得不逐渐解除对东北草原的封禁，"行移民实边之政策"。养息牧场在这种背景下被继续放垦，光绪二十三年（1897）正式招垦。

养息牧场招垦之后，关内外垦民大量涌入，人口骤增。为加强管理，光绪二十八年（1902）六月十五日清政府批准盛京将军增祺等所奏，在养息牧场所在地设立彰武县，隶属新民府，县衙设在横道子（今彰武镇）。因地处柳条边彰武台边门外，故名彰武县。

彰武县城

6 阜新市因煤而立

阜新煤田，整体轮廓呈长槽形，分布总面积2000多平方公里，可采面积181平方公里。

近代阜新煤田的开发，从光绪二十四年（1898）开始，到1930年，这期间尽管日本帝国主义染指阜新煤田，但是阜新民族资产阶级艰苦奋斗，民办煤矿仍蓬勃发展。张学良创办的东北矿务局孙家湾煤矿和韩瑞麟的裕阜矿务局的煤炭产量，占阜新矿区总产量的90％。为了将中国东北变成殖民地，1931年，日本帝国主义发动了九一八事变，占领了辽吉黑三省。1931年12月底，隶属于辽宁省的彰武县沦陷。1932年3月伪满洲国傀儡政权成立。1933年3月日伪军大举进攻热河省，4月8日，隶属热河省的阜新县沦陷。从此，日本侵略军的铁蹄开始践踏阜新煤田。

为了强化对阜新煤田的控制和掠夺，日伪当局于1940年1月1日，由阜新县划出新邱、长营子、米家窑、海州、孙家湾等25个村和县城设置阜新市。阜新市辖海州、新邱、太平、孙家湾、协和、城南、城北、高山、兴隆、红叶、东岗11个区。伪市公署最初设在协和区（原县城），后迁至海州区。同时撤销阜新县，保留土默特左旗，伪旗公署由王府迁至原县城。日本帝国主义侵占阜新期间，累计从阜新掠夺煤炭2527.5万吨，阜新死难劳工多达6.8万人。

1945年"八一五"抗日战争胜利后，9月10日，八路军冀热辽军区和中共辽西地委派部队和干部接收阜新，成立中共阜新工委（12月初改为地委），辖阜新市、阜新县、彰武县及黑山县、北镇县，先后成立阜新市、阜新县、彰武县政府。

1946年1月，国民党抢占阜新市和阜新县、彰武县，成立国民党阜新市、阜新县、彰武县政府。7 月 14 日，国民党将阜新市同阜新县合并为阜新县，将市区改为海州镇、复兴镇（原县城），隶属于阜新县。阜新县、土默特左旗并存。

1946 年 1 月，中共阜新地委（后为辽吉五地委）领导军民在阜新北部农村创建革命根据地，开展武装斗争，先后成立阜新县彰武县土默特左旗苏鲁克旗联合政府，阜新县土默特左旗联合政府（1949 年 5 月改称阜新县政府）、彰武县苏鲁克旗联合政府（1949 年 4 月改称彰武县政府）。1948 年年初，中共冀察热辽二十一地委在清河门成立北票阜新义县土默特中旗土默特左旗联合政府，辖区包括阜新县西部，1949 年 5 月撤销，恢复原建制。

1948 年 3 月 18 日，阜新地区全境解放。4 月 18 日，成立阜新市政府（县级），属辽北省。1949 年 1 月 1 日，阜新矿务局和中共阜新煤矿委员会成立，领导阜新市。1949 年 4 月 21

新中国成立初期的阜新矿务局

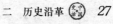

日，撤销辽北省建制，阜新市划归辽西省。1952 年 2 月，阜新市升为地级市，中共阜新煤矿委员会改为中共阜新市委员会。1954 年 6 月 19 日，辽东、辽西两省合并为辽宁省，阜新市属辽宁省。1958 年 4 月，撤销阜新县，成立阜新蒙古族自治县。1959 年 1 月，辽宁省实行市管县体制，阜新蒙古族自治县、彰武县由锦州专区划归阜新市领导。

三　史海钩沉

　　阜新地灵人杰，从这块热土上走出无数风流人物，在中华民族的史册上留下了精彩的篇章。更有无数仁人志士在这里驰骋沙场，为国家独立、民族解放和人民幸福浴血奋斗，在中华大地上竖起了一座座巍峨的丰碑。

1　大辽诗人皇后萧观音冤案之谜

　　辽道宗耶律洪基太康元年（1075）十二月底的一天，朔风凛冽，大雪纷飞。十几名官兵押着一辆载有一具用苇席卷着裸体女尸的牛车，顶风冒雪，一路颠簸，从位于今内蒙古赤峰市宁城县的辽中京出发，走过八百里黄沙古道，缓缓地来到坐落在今阜新蒙古族自治县塔营子镇的懿州城。车上这个裸体女尸就是大辽诗人皇后萧观音。

　　贤淑端庄、姿容冠绝的诗人皇后，怎么突然就变成一具裸体女尸了呢？随着时间的推移，一起震惊朝野的冤案终于揭秘。

　　萧观音于辽圣宗重熙九年（1040）五月初五生于绕阳河畔的懿州城，母亲是懿州城的领主辽圣宗的三女儿燕国公主耶律槊古，父亲是掌握全国军政大权的北院枢密使萧孝惠。

　　辽宋两国经济文化等各方面的交流，使契丹人不断汉化。但契丹毕竟是个尚武的草原游牧民族，皇后大都温柔不足，英爽有余。然而萧观音是辽国萧氏皇后系列中的一个例外。萧观音自小生活在懿州，这里城郭相望，禾谷飘香，汉人占绝大多数，农耕文化居于主导地位，父亲萧孝惠又是个汉化很深的契丹贵族，因此懿州的青山绿水养育的萧观音性情娴静，喜好读书，而且才思敏捷，出口成章。《辽史》写她"姿容冠绝，工诗善谈论，自制歌词，尤善琵琶"。辽兴宗重熙二十二年（1053），兴宗闻其贤淑，纳为长子耶律洪基的妃子。兴宗二十四年（1055），兴宗崩，耶律洪基即位，改元清宁，就是辽道宗，16岁的萧观音被封为懿德皇后。当时的辽国百姓中流传着这样一句话："孤稳压帕女古靴，菩萨唤作特里蹇。"意思是：头戴玉，足登金，皇后是观音。

萧观音

　　按照契丹族的风俗，皇帝每年要带领贵族们外出渔猎，称为"捺钵"。道宗比萧观音大8岁，对她恩宠有加，不仅在宫中夜夜相伴，即使出外巡游打猎也常常带着萧观音一起去，可谓是夫唱妇随，伉俪情深。道宗清宁二年（1056），萧观音随道宗秋猎，道宗在黑山猎得一虎，和群臣饮酒宴会，命萧观音即兴赋诗。萧观音脱口而出：

威风万里压南邦，东去能翻鸭绿江。灵怪大千俱破胆，哪教猛虎不投降！

萧观音生下皇子耶律浚后，备受道宗恩宠。然而好景不长。道宗受汉族文化影响不大，他热衷狩猎饮酒，懒得管理朝政。萧观音羡慕上疏极谏、劝太宗体恤黎民的徐贤妃，对道宗不顾死活的狩猎活动十分担忧，常常在道宗留宿她处的时候进谏，劝道宗停止狩猎活动，勤勉政事。道宗感到厌烦，渐渐疏远了萧观音，萧观音写了一曲《回心院词》，叫宫廷乐师赵惟一谱上音乐，希望能够打动丈夫的心。

道宗长期打猎，皇族耶律乙辛渐渐地大权独揽，野心日益膨胀。耶律乙辛曾任辽兴宗宫廷卫队长。道宗登基后，因在平定皇太叔耶律重元的叛乱中立有战功，且善于逢迎，深得道宗重用，被擢升为执掌全国军政大权的辽朝最高职官北院枢密使，封魏王。于是，耶律乙辛利用道宗的重用和信任，在朝中结党营私，专权误国。萧观音的儿子耶律浚颇为英明，8 岁被立为太子，受皇帝诏命"兼领北南枢密院事"、帮助父亲管理朝政时还不满 18 岁。他法度修明，从善如流，又建议提拔贤臣，从而和一些忠直的大臣形成太子党。太子党对耶律乙辛权臣党的专横跋扈多有限制，使耶律乙辛感觉到了严重威胁，而太子党的后台又正是皇后萧观音，因此耶律乙辛一伙就企图利用萧观音与赵惟一之间的来往，设计诬陷害死萧观音，以铲除太子党。

耶律乙辛暗中派人作描写男欢女爱的《十香词》，又嘱咐情人清子拜托姐姐——曾在叛臣耶律重元家当侍女被萧观音由内宫派往外宫的宫女单登，把《十香词》献给萧观音，就说是宋国皇后所作，皇后若能把它抄下来并为它谱曲，便可称为二绝，为后世留下一段佳话。单纯善良的萧观音完全坠入耶律乙辛所设的陷阱之中，除了亲手用彩绢抄写一遍外，还在末端写了一首题为《怀古》的诗：

> 宫中只数赵家妆，败雨残云误汉王；惟有知情一片月，曾窥飞燕入昭阳。

耶律乙辛拿到萧观音手书，就马上编造诬陷之词，命单登到北枢密院检举揭发萧观音与赵惟一私通。太康元年（1075）十二月二十三日，北院枢密使耶律乙辛给道宗皇帝上了一份秘密奏章：《奏懿德皇后私伶官疏》。耶律乙辛拿着萧观音亲手誊写的《十香词》，到道宗那里大放厥词，说《怀古》诗含有"赵、惟、一"三字，《十香词》是萧观音写给赵惟一的情诗。昏庸的道宗醋劲大发，勃然大怒，用铁骨朵（一种刑具）毒打萧观音，然后把萧观音下到大狱，命耶律乙辛与参知政事（副宰相）张孝杰一同追查审理此案。耶律乙辛把赵惟一逮捕，严刑拷打，迫其屈打成招。

昏庸的道宗认定萧观音与赵惟一私通，敕令萧观音自尽，赵惟一凌迟处死。萧观音请求再见道宗一面竟不获准，悲愤地作了一首《绝命词》，然后自缢而死，年仅36岁。太子耶律浚也在耶律乙辛的诬陷下被废为庶人囚禁，两年后被耶律乙辛派人杀死，年仅20岁，太子妃也被害死。耶律乙辛还大兴冤狱，刑讯逼供，以各种借口除掉太子党忠直大臣40余人，一些国之栋梁惨遭毒手，从而动摇了辽国的根基。

道宗太康五年（1079），耶律乙辛的夺权野心终于被道宗察觉，将他调出京城，降职到兴中府（朝阳）当地方官。两年后，以走私的罪名，把乙辛逮捕囚于来州（今绥中县前卫镇）。太康九年（1083），耶律乙辛企图私藏武器逃奔北宋，被辽朝发觉，下诏勒死。太子党平反，耶律浚被追谥为昭怀太子。

萧观音冤死36年后，道宗寿昌七年（1101）正月，70岁的道宗皇帝驾崩，26岁的皇太孙耶律延禧接班，就是天祚帝。天祚帝将耶律乙辛和张孝杰剖棺戮尸，搜捕并处死耶律乙辛党羽，流放其子孙。又到懿州把奶奶萧观音的尸体挖出，洗沐装裹，以"宣德皇后"的名号把奶奶与爷爷道宗合葬于庆陵（在赤峰巴林右旗）。

辽天祚帝天庆七年（1117），女真人建立的金国大军兵发懿州，懿州守将刘宏投降。8年后，天祚帝耶律延禧被金将完颜娄室俘虏，辽国灭亡，强悍的契丹族也逐渐在历史上消失。

2 火烧雁翎城

位于阜新蒙古族自治县塔营子镇的懿州古城至今巍然屹立着一座青砖辽塔，塔身保存完好，可塔檐上的铜铸惊雀铃却一个也不见了。问起缘由，当地老人都会提起"火烧雁翎城"的事。

相传在 1000 多年前的辽朝，懿州城里住着一位才貌双全的公主，名叫雁翎。因此，懿州城也叫雁翎城。为了防御外敌侵犯，雁翎公主在懿州城筑起了一道宽三丈三、高九丈九的城墙。城外的大道上，传递信息请求援兵的烽火台一个连着一个。

雁翎公主很受父亲宠爱，不断调来能工巧匠，修建楼台殿阁，又在城内发展手工业和商业，雁翎城兴旺繁华。可是好景不长，公主的后代奢侈无度，大兴土木，耗资无数。他们终日轻歌曼舞，饮酒作乐，狩猎打鱼，却不体恤民生。

当时，黑龙江一带的女真人建立了金国，他们骑马背箭一直杀到雁翎城。此时雁翎城的统治者是雁翎公主的六世外孙郎根。他生性凶狠残暴，整日花天酒地。女真人来犯的消息传来，郎根惊慌失措，赶快找来部下商讨守城大计。他们点燃了烽火，可等了两天也不见援兵的动静。原来，沿途的烽火台早已被女真人占领，消息传不出去。

女真人围住雁翎城。他们满以为几日内就可以攻下这座城，可郎根坚守不出，展开了持久的战斗。女真人把城围得水泄不通。殊不知，城东三里有个运粮城，城内储备粮草无数。一条地道连通城内和运粮城，贮藏的谷子可以通过地道神不知鬼不觉地运进城内。随着时间的推移，城内人饥渴无忧，而女真人却粮草不足，进退两难。

有一天，女真人的统帅猛安来到一座小山丘上，向城里眺望，看见有商贩出入，他忽然灵机一动，赶紧回到营房，唤来军师，定下攻城妙计。猛安派几个士兵，装扮成山货小贩，用各种漂亮山雀的羽毛与出城的商贩换活着的麻雀、小燕和鸽子。这些商贩回城后，走街串巷，不出几天，就为女真人收购了三千多只活鸟。一切准备好后，当日落西山之际，女真人躲在密林深处，将线香截成一寸多长，一头蘸上硫黄，一头用火点燃，绑在那些鸟的腿上、尾巴上，然后将其全部放出。小鸟被放飞后，直奔雁翎城里的鸟巢。工夫不大，这些鸟雀身上绑着的线香便着到了有硫黄的部位，硫黄起火，引发火源。顿时，每只鸟雀都变成了一个小火球。三千多个小火球飞起来，整座城变成了一片火海。这场大火足足烧了七天七夜，整个城变成了一片废墟，连一个惊雀铃都没剩下。

虽然"火烧雁翎城"只是个民间传说，但历史上的懿州城的确毁于战火。

辽天祚帝耶律延禧斥逐忠良，任用佞臣，沉湎游猎，不理朝政。辽天庆五年（1115），女真人完颜阿骨打建立金国。天祚帝统率十万大军，御驾亲征，但被金兵击溃。金兵占据辽东，造成大批辽东的溃兵逃入辽西。辽东的百姓为躲避战乱，也大批西渡辽河进入辽西。

　　辽国天祚帝认为辽东难民会怨恨女真，于是授镇守南京（今北京）的燕王耶律淳为大元帅，招募难民组建"怨军"，分为前宜营、后宜营、前锦营、后锦营、乾营、显营、乾显大营、岩州营，共八大营，又选河北禁军（守卫辽南京的警备部队）五千人，民兵两千人，征民夫三千人，计三万人。这支杂牌军主力驻扎在蒺藜山。这蒺藜山，就是阜新蒙古族自治县阜新镇与旧庙、哈达户稍三乡镇交界处的东骆驼山。辽军统帅耶律淳是天祚帝的叔父，从小就由其祖母辽兴宗的仁懿皇后萧挞里抚养，萧挞里也是阜新人，是萧观音的叔伯姊妹。耶律淳决心在蒺藜山与金兵决一死战。

　　怨军实为一支以汉人难民为主体组建的农垦兵团，缺乏训练，装备极差，多以枪刀、毡甲充数，弓弩、铁甲很少；时至寒冬，朔风凛冽，却无棉衣。怨军又无机动权，一切军事行动统由天祚帝和几位昏庸的老臣决策。当时流传的民谣称："五个翁翁四百岁，南面北面顿瞌睡。自己精神管不得，有甚心情杀女真。"

　　金兵由完颜娄室率领，此人作战勇猛，被女真人誉为常胜将军，另一名将军斡鲁古也是金国悍将。金兵近万人都是骑兵，装备精良。50人为一队，前20人全披挂重铠甲，而且在战马的要害处也有精铁护甲，手持长矛或狼牙棒，腰挎利刃。后30人着轻甲，操弓箭。每名骑兵都配3匹战马，交替使用，具有很强的连续作战能力。

　　金天辅元年（1117）十一月，耶律淳率领轻骑两千，从蒺藜山出发，赴显州（北镇）处置哗变哄抢军需的两营怨军。先锋郭药师（此人为盖平人，后投宋，又降金）挺身而出，杀死怨军哗变的领头人物，及时控制了局面。此时，探马报告金兵已渡辽河。耶律淳立即召大军集结于徽州（今旧庙镇），指挥部设在他不郎村。但怨军经过这样一番折腾，整个部队士气低落，战斗力大减。

十二月，风雪交加，辽金两军大战蒺藜山。金兵重铠甲骑兵向辽怨军轮番发起集团冲锋，轻骑兵百步之外弓箭齐发，无不中者。怨军在金兵反复凶猛的冲击下，纷纷溃逃。也有些怨军官兵怀着对金兵烧杀抢掠的刻骨仇恨，奋不顾身地与金兵血战，手相撕扯，刀斧相砍。有扯去金兵头盔披甲而刺之者，有身中数刀而犹刺金兵不已者，有与金兵相抱滚入壕沟而死者。蒺藜山下，尸横遍野，血染大地。

由于实力悬殊，怨军最后还是溃败了。耶律淳只带着五百骑亲军逃跑。金兵大胜，进军新州（今内蒙古奈曼旗南），辽新州节度使王从辅开门投降，金兵烧杀抢掠而去。

在金兵大举压境时，辽懿州宁昌军节度使刘宏听从幕僚孔敬宗的建议，把懿州官衙和百姓从顺安（今塔营子镇懿州古城）迁至宁昌（今平安地镇古城），使得百姓没有遭受战祸。刘宏见辽朝大势已去，遂带领懿州三千户百姓降金。金廷令刘宏带领这批懿州百姓迁徙到咸平（开原），充实金国的后方。刘宏是朝阳人，死后葬于开原紫霞山。

刘宏率百姓离开懿州后，懿州变成一座空城。金国当时还没有足够的兵力据守辽西被攻占的州城，辽西一带出现了很多无政府的空白地区。天灾人祸，民不聊生，造成各地饥荒，百姓扒树皮充饥，甚至人吃人。汉人霍六哥占据懿州，联合今内蒙古奈曼、库伦一带的安生儿、张高儿，组织饥寒交迫的灾民20万，于辽天庆八年（1118）五月发动了反辽大起义。辽廷派耶律马哥领兵镇压，将安生儿杀害于龙化州（今奈曼旗八仙筒一带），而张高儿则率起义军继续转战到懿州，与当地霍六哥领导的起义军会合。六月，霍六哥指挥起义军攻占了海北州（今阜新市清河门区细河堡）。以此为落脚点，继续南下攻义州（义县），被辽奚王回离保战败，懿州地区又归辽国。

金天辅七年（1123）正月，辽奚王回离保在今河北青龙县称帝，原受其控制的辽西各州县纷纷降金。

元太祖九年（1214）十月，成吉思汗令木华黎统率大军征讨辽西，金懿州节度使高闾山（今海城人）坚守两个月，十二月二十五，城破，高闾山战死。成吉思汗将懿州封为将领孛秃领地，以懿州豪绅田和尚为节度使。孛秃率军撤出懿州，转战中原，懿州及周围所降州县又归降金国。两年后，木华黎率领大军第二次进军懿州，田和尚投降。木华黎将田和尚和懿州百姓除工匠及歌舞戏曲艺人外，全部屠杀。元世祖至元二十四年（1287），蒙古王爷乃颜在辽东叛乱。忽必烈命辽东道宣慰使塔出与皇子爱也赤领兵两万，以懿州为大本营，防备和镇压叛军。

元朝末年，爆发红巾军起义。元顺帝至正十九年（1359）正月，红巾军将懿州城包围，久攻不下。后来发现懿州城内的大量鸽子白天飞到城外觅食，傍晚飞回城中，红巾军就命人白天捕捉飞到城外的鸽子。没过几天，大量的鸽子被红巾军捕获。红巾军将这些鸽子身上捆绑上火种，傍晚全部放飞。鸽子带着火种返回城中屋槽下的窝中，引起全城大火。红巾军乘势攻城，元懿州路总管吕震率军拼死抵抗。内有大火，外有重兵，城池终被攻破，吕震将自己的官印投入井中后战死。从此，懿州城荒废。二年后，在元军的围剿下，红巾军失败。明军把元顺帝赶到漠北以后，懿州地区仍被蒙古北元占据，直到明洪武二十年（1387）明军收复辽东。

1993 年，在塔营子懿州古城址的一口古井中，打捞出一方铜印，印文为八思巴文，经考证为"懿州路总管府印"，这就是吕震死前投入火井中的官印。这场战火后来被传说为"火烧雁翎城"。

3 大玄真宫祖碑背后的故事

阜新蒙古族自治县新民镇有个小山村，四面环山，层峦叠嶂。这个村叫排山楼。人们以为可能是这一道道山岭像楼吧。其实不然，"排山楼"的名字，只是由于村中保留有一通元代的石碑，叫大玄真宫祖碑。

大玄真宫祖碑位于排山楼村西头，正扼乡道要冲，整个碑石高 3.85 米，宽 1.32 米。碑石阳面向东，由一个大赑屃驮负。驮负大玄真宫祖碑的大赑屃昂着头，气宇轩昂，但是由于年代久远，背负重压，赑屃背和四足已陷入土中。碑石由碑冠和碑身组成。碑冠高 1.10 米，碑冠四周刻有盘龙，刻工精美；碑冠中央楷书大玄真宫祖碑 6 个大字，苍劲有力。碑身两面都有碑文，均为竖行寸楷刻就，一丝不苟。正面碑文保存较好，字迹清晰可辨。碑文的下面还刻有天宫图案。背面碑文腰部剥蚀缺损，但意思尚可窥其梗概。碑文上面刻有云雾图案，下面刻有天宫图案。碑石两侧还刻有双龙戏珠。

正面碑文约2000余字。据专家考证，碑文开头即书：大元国广宁府路尖山单家寨创建大玄真宫祖碑，可以确知此地在元代叫单家寨，隶属广宁府路。碑文首先概括地介绍了道教的由来和教义，记载了道教全真派的兴起和元代道教兴盛的缘由，详细记述了玄真宫第一世住持杨志谷的事迹。碑文说："杨志谷者，节行清高……凡三十年，外修万行，内炼一真，掌散真常真人闻其风而悦之，乃赐和光弘德大师。"

杨志谷，深州束鹿县人，生于宋孝宗淳熙十三年（1186），节操品行清高，师从栖云大师王公，为王公门下高徒。而王公是全真七子丘处机的高徒，因此杨志谷为丘处机二传弟子。

元太祖二十二年（1227）以后，有一位道士风尘仆仆地云游四海，传道访仙。他身穿百衲衣，饿了讨千家饭，渴了喝山泉水，困了寄寓山林。一天，他拄着拐杖路过广宁府路尖山单家寨，也就是今天的阜新蒙古族自治县新民镇排山楼，看到这里民风淳朴土地肥美，在这里徘徊许久，大声感叹："此地，佛教盛行，宏伟的大雄宝殿，壮观的佛寺庙宇，楼阁遥遥相望；家家富裕殷实，学校如林，儒教亦孜孜不倦传承。而今，儒、释、道三教鼎峙；为什么独独没有道院，不知是何缘故？"感叹之余，他下决心在单家寨兴建道观，传播道教。他，就是杨志谷。

杨志谷根据风水，在单家寨附近选择地势高而且干燥，后面高崇前面平坦，左高右低，三阳高照的地方择地建屋。战火之后，土地荒芜，杨志谷和志同道合者二三人，拾取瓦砾，除去蒿子蒺藜，努力经营，不几年就建起了巍峨的七真堂和雄伟的三清殿，而且"香厨洒落，净室虚明"。至于道士居住的地方、招待宾客信徒的房屋，虽然不甚完备，但足以为云游四海的同道提供一个挂衣钵歇息之处，也是他们披星戴月修炼真元的好地方。

据碑文记载，玄真宫的兴建得到了北京路都元帅兀也儿、广宁府主官失剌万户的赞助。老百姓则有钱出钱，有力出力。道观落成之后，清和大师题了匾额"玄真"二字，杨志谷成为玄真宫第一世住持。杨志谷住持玄真宫30多年，积德行善，周济贫困，"书符疗病"，接待各方来客，自始至终，没有变化；修己保持内心宁静，不喜，不怒，不忧，不恐，不哀；保持清淡生活，不近甜，不近酸，不近苦，不近辛，不近咸，一心修炼精神和形体。掌散真常真人听闻他的修行风范非常喜悦，于是赐予杨志谷"和光弘德大师"法号。

元宪宗八年（1258）十一月二十一日，正午时刻，杨志谷召集门人徒众，告诉他们说："道教的事业，我虽然没有完全完成，但时间不等待我，我应当回去了！"话刚说完就盘腿而坐仙逝，享年73岁。过了三年，门人徒众给他更衣，见他"俨然如生"，"道俗观者，无不惊异"。

玄真宫的后人为了纪念开山鼻祖杨志谷的功德，决定为他立碑纪事，"以传不朽"，在元世祖中统二年（1261），派门人知宫栖云子大师张志净率法弟明真子大师王道瑞，不远千里找到鹤峰野人明真子大师论志元，请求他撰文。论志元大师非常赞赏玄真宫道士不忘根本的精神，欣然应允，遂写下了碑文，并作铭文曰：

> 青山隐隐，白石嶙嶙。苍松翠柏，四时常春。
>
> 中有琳宇，号曰玄真。其谁成之，弘德上人。
>
> 外修万行，内养心神。玄圃种药，华池固津。
>
> 书符疗病，恤孤怜贫。循循诱众，返朴还淳。
>
> 功不厌广，德惟日新。踟跌而逝，远离嚣尘。
>
> 三载更衣，不坏色身。神游紫府，上朝玉宸。
>
> 铭示来者，诸训宜遵。千秋万古，续焰薪薪。

由于这是纪念玄真宫开山鼻祖的碑，所以叫"大玄真宫祖碑"。

大玄真宫祖碑背面的碑文 3000 余字，记述了大玄真宫及其周围道教宫观的地理位置，各宫观住持的姓名世次，各宫观拥有田地的数量、周围村寨的名称、资助立碑人士的姓名籍贯职务等。

背面碑文记载了诸多宫观的名称：此地东去百里的懿州（今阜新蒙古族自治县塔营子）有紫微宫、长生观、昊天宫，西去百里的义州（今义县）有万寿宫、全真观、洞真观、通真观、圣灯院、明阳宫，隔医巫闾山的广宁（今北镇）城内有乾元宫、清征宫、长春观。由此可以看出元代辽西地区道教的兴盛。

　　背面碑文还记录了玄真宫住持杨志谷引渡入教的百姓名单，皆为汉人。可见当时单家寨这一带还是汉人居住。明初，逃到长城以北的蒙古北元势力对明朝政府时服时叛，战争连绵不断，今阜新一带处于战乱之地，人口锐减，经济遭到严重破坏。明永乐八年（1410），设在懿州的广宁后屯卫迁治义州（今义县），阜新地区的汉族人口全部随同迁徙。不久明朝为防范蒙古和女真族的侵扰，又建立了长城辽西边墙，把阜新地区隔于边墙之外。从此，这里就成为蒙古兀良哈部的游牧地了。蒙古人游牧到这一带时，昔日鸡鸣犬吠的单家寨早已荒无人烟，巍峨壮观的玄真宫也只剩下淹没在荒草中的残砖碎瓦，唯有大玄真宫祖碑还默默矗立在荒山野岭之中。蒙古语称石碑为"排础鲁"，便将此地叫"排础鲁"，最终汉化为"排山楼"。

　　大玄真宫祖碑立于元宁宗至顺三年（1332），至今已有近700年的历史。大玄真宫祖碑是研究元代历史地理和道教传播史的第一手资料，是阜新地区沧桑岁月的实物见证，1988年被辽宁省人民政府确定为省级文物保护单位。

4　从阜新走出的武当始祖张三丰

　　元定宗贵由汗二年四月初九（1247年5月15日）半夜子时，位于今阜新蒙古族自治县塔营子镇的辽东懿州城的进士张居仁家，已经身怀有孕的夫人林氏梦见一只仙鹤从东海飞来，落到自家的屋顶上。不一会儿，一个男婴便降生了。此婴丰神异彩，大耳朵圆眼睛，遂取名"全一"，取字"君实"，他就是张三丰。

　　张三丰的祖籍为江西龙虎山（今江西省鹰潭市贵溪县境内），祖父裕贤公是道教祖师之一张道陵的后人，精通星算卜卦，知天下王气将从北起，遂携本支眷属迁徙到当时属于金国的辽东重镇懿州。元代，懿州曾三次作为辽阳行省临时治所，是个文化兴盛、学者众多的地方。正是懿州这样的人文环境，才培养出张三丰这样名扬海内外的道教宗师。

塔营子镇张三丰仙居

　　明史《方伎传》（方伎，指精通医药技术的人才）记载："张三丰，辽东懿州人，名全一，一名君宝，三丰其号也。以其不饰边幅，又号张邋遢。颀而伟，龟形鹤背，大耳圆目，须髯如戟。寒暑惟一衲一蓑。所啖，升斗辄尽，或数日一食，或数月不食。尽经目不忘，游处无恒，或云能一日千里。善嬉谐，旁若无人。"

　　张三丰聪明过人，3 岁读书过目不忘，4 岁就能流利地倒背唐诗百首。张三丰5岁时染上了眼疾，随一位云游道人到千山碧云寺当了道士。半年以后，张三丰的眼病居然奇迹般地好了。

转眼7年，少年张三丰通读道教经典、儒学经典和诸多佛学经典。元世祖中统元年（1260），13岁的张三丰考中秀才。次年，以"文学才识"被推荐到朝廷以备录用。元世祖至元元年（1264）的秋天，18岁的张三丰离开家乡到大都（今北京）游览，结识了当朝平章政事（相当于副宰相）廉希宪，廉希宪上奏推荐他做中山博陵县（今河北省唐县）县令。张三丰开始为官从政。但不到两年，因为个性不受羁绊，加上职微权轻，抱负不能实现，他就有了断绝仕途的想法。恰在这时，家里传来父亲病重的消息。于是他急忙请假回到懿州老家，侍奉父亲。

父亲死后，按惯例应报"丁忧"自动离职3年。于是，张三丰便在懿州老家为父母选了块风水好的墓地，将其安葬并在墓地旁建房守孝。3年后，将家产全部送给族人，请他们代为扫墓，而他自己则开始云游天下。

离开家乡后，张三丰先后拜碧落宫的白云禅老张云庵和丘真人为师，学习道教基本知识。不久张三丰拜别师父，在燕赵、齐鲁、韩魏故地游历名山古刹、访佛问道近30年。元晋宗泰定元年（1324），南至湖北武当山，又面壁修炼了9年，进而全面掌握了道教的系统理论。又在四川、陕西、湖北一带游历十几年，为当地百姓传道、治病，终于成为一位看破生死、充满传奇色彩、赫赫有名的道教大师。

　　进入明朝后，张三丰忽隐忽现，行踪莫测，有传其死而复生。张三丰在宝鸡的金台观修炼的时候，他见鸡峰插云，三峰挺秀，于是自号为"三峰居士"，后改为"三丰"，从此这个名字流传于世。后来他又回到武当山，偶尔在襄汉一带游历，踪迹随着时间的推移而愈加奇幻。明成祖永乐十五年（1417）后再无记载，不知其生死所终，传说他活了200多岁。因张三丰的从道活动主要在明代，且声名显赫，所以一直为明朝几代皇帝所崇拜。永乐十年（1412），明成祖在武当山天柱峰下派几十万人、耗费百万巨资修筑规模宏大的宫室，历时7年，建成8宫2观、36庵、72岩庙，以供其传教、修炼。明英宗、明世宗、明熹宗先后加封他为"真君""真人"。

　　张三丰对道教的发展做出了杰出贡献。他继承了五代宋初著名道教学者陈抟以来道教宗师的儒释道三教同一学说和内丹炼养思想，并使其发扬光大。他将道教医学和内丹养生结合起来研究，从而奠定了道教炼心、修道、治病的基本原则。为了广泛宣传道教理论，张三丰著述了大量文章，深入浅出地向世人讲解了许多原本深奥的道教经典。

　　张三丰创立了武当绝技内家拳，为中华武学做出了巨大贡献。内家拳包括太极拳、八卦拳、形意拳、五行拳、纯阳拳、混元拳、玄武棍等，是中华武术的一朵奇葩，自从创立就广泛流传，影响巨大，和少林拳成为中华武术的两大门类，是遗泽后世的一份珍贵的历史文化遗产。

　　张三丰对道教修道场所进行园林建设，确立了以环境修心的练功法则。张三丰还是一位文学家和诗词学家，一生留下许多诗文。

元顺帝至正元年（1341），94 岁高龄的张三丰由湖北回到懿州故里的积翠村扫墓，并留卜两首诗《辽阳积翠村二首》：

手持长弓逐鸟飞，是谁知是老翁归？白杨墓上留诗句，城郭人民半是非。

纷纷景象乱如麻，身世粗完早出家。莫待巢危复累卵，功名势利眼前花。

5 阜新人民的反清武装斗争

光绪二十二年（1896），养息牧场正式解除禁令招垦。招垦对于彰武地区的经济社会发展是有促进作用的。但在征招垦过程中，广大贫苦牧民无钱购买土地，土地落入少数豪强富户手中，或者被投机商购买，转手高价出售，从中渔利。特别是在出卖土地的过程中，豪强富户与官府勾结，营私舞弊，使牧民深受其害。牧民失去了草原，没有了生活来源，又不会种地，同官府矛盾日益激化，反对垦荒活动逐渐由进京告状转变成武装斗争。

光绪二十八年（1902），彰武县土城子（今属苇子沟蒙古族乡）的蒙古牧民六十三，同内弟皋皋屯（今属彰武县冯家镇）人白音大来等 300 多蒙古族贫苦牧民起义，在大庙、大沙力土一带，同官府进行斗争。大沙力土一仗，白音大来右眼被击伤失明。光绪三十年（1904）春天，六十三与白音大来等人会合，在今属彰武县东六家子镇的卧牛山，打死彰武县地方武装头目团练长房彩章等 21 人。彰武县知县极度恐慌，急忙向新民府求援。新民府知府派管带（营长）张作霖到彰武追剿。六十三、白音大来等人与张作霖作战多次。后来清政府派兵增援，六十三、白音大来所部伤亡惨重，白音大来率领十几人突出重围，转移到大清沟，六十三与妻子杨美荣被困在阜新县翁山（今关山）。六十三孤身与清军血战，掩护妻子突围后，用最后一颗子弹自杀身亡。

围攻翁山的清军头目是个酒色之徒，一天听说附近村子来了个漂亮的蒙古族姑娘，就威逼她给自己做姨太太。新婚之夜，这位姑娘将清军头目灌得酩酊大醉，然后杀了他，姑娘也自尽身亡。原来这姑娘就是杨美荣。六十三和杨美荣牺牲后，一首悲壮的蒙古民歌《六十三》，在阜新地区广为传唱：

说起那哺育你的水啊，是向南流淌的养息牧河。

说起你被困遇难的地方，是蒙古贞旗的翁山……

为民众奋战的六十三，来到翁山献了身。

为保卫家乡死得其所，巍巍翁山埋忠魂！

六十三牺牲后，白音大来继续同清政府斗争。光绪三十年（1904）农历五月，白音大来带领人在法库县截获俄国侵略军大量枪支弹药，力量很快壮大起来，队伍发展到 2000 多人，在彰武、洮南等地同沙俄、日本侵略军作战，给侵略者以沉重打击。

光绪三十三年（1907）六月，白音大来在彰武地区同已升任清军统领（旅长）的张作霖马步兵十营激战，杀伤很多官兵。十月，终因寡不敌众，白音大来退至内蒙古科右前旗，与郭尔罗斯前旗陶克陶率领的起义军会合，率领队伍进入索伦山。但是，他们刚扎完营寨，还没来得及休息，张作霖的500骑兵就追上来，经过一天的苦战，白音大来、陶克陶突出包围。等到天黑，突然杀了个回马枪，击溃了张作霖的骑兵。从此，白音大来和陶克陶起义军威名远扬。

光绪三十四年（1908）春天，白音大来、陶克陶起义军在科右中旗又遭到张作霖5000多官兵的追击和包围。起义军伤亡惨重，白音大来、陶克陶被打散。陶克陶退往索伦山。后来进入外蒙古，白音大来率起义军残部转战到乌兰套山。

农历六月十一日，白音大来起义军被张作霖大批官军包围在乌兰套山。白音大来战至弹尽粮绝，不幸负伤被捕，英勇就义，年仅36岁。

光绪三十二年（1906），资产阶级革命家徐锡麟从日本回国，游历东北，来到彰武。他联络彰武的绿林豪杰，号召他们联合起来，投入革命运动，从而在彰武播下了革命火种。

光绪三十三年（1907），有一个年轻人在彰武县和阜新县东部农村走村串屯，以传教为名宣传反清革命思想，他叫金子明。

金子明，生于光绪四年（1878），今阜新蒙古族自治县大固本镇苏合营子人。他童年读私塾，还学习过中医，后来到沈阳教会学校半工半读，毕业后在教会做宣传教育工作。在此期间他结识了革命党人，逐渐接受了革命思想，加入了孙中山领导的同盟会。不久，金子明回到家乡，以传教为掩护，秘密串联各地豪杰，自制炸药，打算武装起义。后因做炸药失事，金子明恐怕暴露，于是迁到窑沟（今属阜新蒙古族自治县建设镇），开办"内蒙古金煤矿务公司大连出张所"，以此作为联络点，秘密开展革命活动。

宣统二年（1911）10 月辛亥革命武昌起义以后，各地纷纷响应。11 月，根据形势发展，金子明积极联络扩大武装力量，与清军几位下级军官联系，同时串联彰武县杏树洼村的江树田、江树库兄弟，双庙村的董用威等，这些人都愿意投身革命。江、董等人虽不是军警，但都掌握乡勇团练地方武装。11月23日，金子明组织起 5000 多人的辽西北反清起义民军，金子明被同盟会委任为总司令。12 月，他们试图首先攻占彰武县城，然后再会合辽北、辽东等地民军夺取省城奉天，结果因对敌情调查不准，战斗计划不周而失败。

1912 年 1 月，金子明写信向中华民国临时政府关东大都督蓝天蔚汇报，蓝天蔚派革命党人高蓬阁、黄松生等人再次到彰武组织起义。他们带有以蓝天蔚大都督的名义发出的各种告示 13 张、革命执照 2 份、东三省地图 1 张。告示宣布了革命宗旨和革命纪律，号召各界人民奋起，推翻腐朽的清统治。由于事机不密，2 月 3 日，起义因被彰武县哈尔套街商团查获而失败，高蓬阁、黄松生被捕。彰武县知事认为事关重大，星夜亲自押送到新民府。

新民知府万分惊慌，电请东三省总督赵尔巽，赵尔巽派统领冯德麟为指挥官,围剿彰武革命党人。彰武爆发的反清起义被镇压了下去。

彰武辛亥革命起义失败后9天,清朝末代皇帝溥仪被迫发布退位诏书,统治中国260多年的清朝终于被推翻。

6 阜新地区第一个党组织彰武铁路党小组

1927年1月27日,打虎山(今大虎山)——彰武铁路正式通车。

随着铁路通车,在彰武成立了机务段,陆续从沟帮子等地调来一些铁路工人。其中有两名广东人,一位叫李家晓,是铆工;一位叫程海华,是钳工。不久,又从锦州调来一位电工,叫张振福。张振福是河北省丰润县郑八庄人,原来在俄国乌克兰煤矿当过华工,因此工友们都管他叫"俄国张"。哥儿几个下班后经常找工友们在一起喝点小酒,唠点家常话,逐渐地交了很多朋友,成为工人们的"主心骨"。

原来,李家晓、程海华和张振福都是中国共产党早期党员。李家晓来彰武前是沟帮子铁路党支部成员;程海华于1923年入党,河南郑州"二七"惨案后调到东北;张振福早在俄国当华工时就加入了联共布尔什维克(苏联共产党),回国后先后在唐山和锦州参加过工人大罢工。1927年蒋介石发动"四一二"反革命政变后,中国共产党组织遭到严重破坏,被迫转入地下活动。京奉铁路(京沈铁路)打虎山—通辽支线修到彰武后,中共唐山地委沟帮子铁路支部根据革命形势的发展和开辟新区的需要，派他们三人到彰武铁路工人中开展革命活动。

从 1927 年夏季起，沟帮子铁路党支部书记欧阳强每隔两三个月来彰武一次，及时把上级党组织的工作意见传达给 3 名党员。按照满洲省委关于建立党的地下组织的方针，经过一年多的准备，在欧阳强主持下，1928 年 4 月 10 日，彰武铁路党小组正式秘密建立，李家晓为党小组长。两个月后，又秘密建立了彰武铁路工会，发展会员 30 多人，张振福为工会负责人。

彰武铁路党小组和铁路工会建立后，组织和领导铁路工人通过抗议、请愿、罢工等方式，开展了反对封建军阀统治、维护和争取工人自身权益的斗争。1930 年春，彰武铁路党小组组织全体工人参加了中共满洲省委书记刘少奇统一部署的京奉铁路工人要"花红"斗争。"花红"是铁路当局为刺激工人生产积极性，年终时发给的奖金，其数目相当于 1~2 个月的工薪，是穷苦工人视为度过年关的补助，当时已成惯例。1926 年后，铁路当局却一再拖欠花红，1929 年还宣布取消当年花红，工人们极其愤慨，怒火一触即发。刘少奇审时度势，决定以京奉铁路总工会名义发动全铁路工人进行要花红斗争，并派遣省委干部杨一辰、张聿修、陈同和等人到沟帮子、彰武等地指导斗争。张振福等人代表彰武铁路工人到沟帮子车站，参加了欧阳强主持召开的关外各站段工人要花红斗争代表大会，与沟帮子、营口、通辽、八道壕等地代表一起研讨和制定了要花红斗争的具体要求及策略，决定组织全体工人大罢工。

在铁路党小组的秘密组织和带领下，彰武铁路工人放下手中的工具，冲破工头的阻拦，散发着传单，包围了铁路公事房，要求段长出来解决问题，吓得段长躲在屋内不敢露面。工人们愤怒地高喊，再不出来就砸段长室，段长只好硬着头皮出来。工人们提出补发历年所欠和本年应得花红，春节放假 3 天，普遍加薪 8 分钱等四项具体要求。张振福还当即拉下电闸，警告段长，不答复要求决不供电。与此同时，沟帮子等地火车站、机务段全体工人也进行了罢工请愿斗争。20 多天后，京奉铁路当局被迫答应了工人们提出的全部要求。

斗争的胜利，使穷苦工友们看到了希望，增强了斗志，更加英勇地反抗铁路当局的反动统治和资本家的剥削压迫。为使工友们增强组织和全局观念，张振福还定期收缴会费、多次组织募捐，用于救济罢工中生活困难的工友和支援外地工人的罢工斗争。

对彰武铁路党小组的革命活动，刘少奇领导的中共满洲省委给予充分肯定，在 1930 年 2 月 20 日给中共中央的报告中，特别指出："彰武电灯房有个工人（指张振福），是经过多次斗争的，并且口谈马列，到处自己拿钱办工会，路局为此经常把他调转，他徒弟每天挣 1 元钱，他才挣八角，但他不管。"

1931 年"九一八"事变后，彰武铁路党小组 3 名党员撤到关里，接受新的斗争任务。1944 年，张振福被锦州日本宪兵队以"政治犯"的罪名逮捕，在狱中惨遭酷刑，宁死不屈，被敌人杀害。星星之火，可以燎原。在彰武铁路党小组发动的革命斗争影响下，日伪统治时期，阜新地区铁路工人采取各种方式同日伪当局进行斗争。1945 年"八一五"光复后，很多铁路工人参加八路军，走上革命道路。

7　共产国际情报员朋斯克

　　1929 年 6 月的一天，在莫斯科共产国际大楼，中共中央驻共产国际代表团团长瞿秋白接见了 5 名蒙古族青年，宣布了派他们回国搞地下工作的决定，这 5 名蒙古族青年中，有一位身材高大、英气勃勃的小伙子，他叫朋斯克，是最早参加革命的阜新人，他的一生充满了传奇色彩。

　　彰武县大四家子镇有个风景秀丽的村子叫扎兰营子，村前矗立着雄浑古朴的藏式寺庙圣经寺。村子原本属于科尔沁左翼前旗，后来前旗撤销划给彰武县。1905 年 6 月 27 日，朋斯克就出生在这个村子。朋斯克姓孛儿只斤，汉名包凤歧，家族本是蒙古台吉（贵族）。

　　1922 年，朋斯克考入设在郑家屯的辽宁省立第四中学。1925 年 8 月，朋斯克在学校加入内蒙古人民革命党（共产国际领导的内蒙古民族民主革命政党）。同年 12 月，由内蒙古人民革命党委派，经共产国际批准，朋斯克等 20 名蒙古族青年来到苏联莫斯科共产主义大学学习。1928 年 12 月，由莫斯科市委批准，朋斯克加入

朋斯克

联共布尔什维克（苏联共产党）。

1929年7月，朋斯克等5人秘密回到国内工作。云泽（乌兰夫）等3人回到内蒙古西部，朋斯克和特木尔巴根回到内蒙古东部。朋斯克化名陈志忠，回到家乡扎兰营子，秘密开展革命活动。

鉴于内蒙古人民革命党在内蒙古东部的组织已经瓦解，和中国共产党又联系不上，朋斯克和特木尔巴根决定在内蒙古东部重建内蒙古人民革命党组织。经过考察，他们先后在彰武、洮南、康平等地和蒙古军队中发展了哈丰阿、那钦双和尔、阿思根等30多名党员。这些人大部分都成为坚定的共产党人，后来在内蒙古自治区党政军部门担任重要领导职务。

1932年7月朋斯克到莫斯科汇报工作，共产国际远东局书记米夫接见了他，指出现在情况有了变化，不要搞武装暴动，要以长期隐蔽斗争为主。

1933年4月，朋斯克返回东北。为掩护身份，朋斯克出任科尔沁左翼中旗第三农垦局代局长。6月，朋斯克赴北平，在天坛附近的一辆汽车里，与化装成意大利商人的共产国际远东局代表潘柯夫接头。根据共产国际的指示，朋斯克先后活动于彰武、通辽、洮南等地，收集情报，在伪满军队中秘密发展革命武装，组织领导内蒙古东部地区的抗日救亡斗争。1936年年初又在大郑铁路线通辽以东的欧里车站开了个小商店，以此为掩护，搞秘密情报工作。朋斯克和特木尔巴根给共产国际提供了伪蒙疆政府在东蒙招募部队的计划，日军针对苏联和蒙古人民共和国修筑军事基地的军事路线及地图，日本关东军动向等重要军政情报。有一次还向苏联远东军第四军团朱可夫将军提供了有关满洲里日本特务机关的情报，并由朋斯克定期到北平向共产国际远东局代表汇报。这些情报在反法西斯战争中，为苏联红军进军东北，一举消灭日本关东军发挥了重要作用。

1938 年 11 月，组织上让朋斯克去蒙古乌兰巴托开会，却被蒙古人民共和国内务部莫名其妙地以"侵犯边境罪"判处有期徒刑 8 年。此后，直到抗战胜利前夕，朋斯克在蒙古监狱里度过了漫长而屈辱的劳改生活。

1945 年 6 月，朋斯克的冤狱得以平反。8 月，苏、蒙对日本宣战，进军东北，朋斯克随军到海拉尔负责后勤工作。10 月，苏、蒙撤军回国。朋斯克按照苏军情报部门和蒙古内务部的指示，在海拉尔开个饭店做掩护，搜集国民党的军政动向和社会情况，通过电台，及时报告给苏军情报部门。

1946 年 7 月，由特木尔巴根等人介绍，朋斯克加入中国共产党，任内蒙古自治运动联合会执委会常委、东蒙总分会组织部副部长。1947 年 5 月 1 日，内蒙古自治政府在王爷庙成立。朋斯克当选为政府委员，被任命为自治政府公安部部长，后改任交通部部长。1949 年 9 月，朋斯克到北京以候补代表的身份参加第一届全国人民政治协商会议，出席了开国大典。

回到王爷庙后，蒙古内务部派人召回了朋斯克的报务员和电台，朋斯克彻底结束了为共产国际和苏联提供情报的工作。

12 月，朋斯克调入中央民族事务委员会，任办公厅副主任，其间多次给毛主席和周总理担任蒙语翻译。

1958 年，已被任命为国家文化部副部长（未到仕）的朋斯克，主动要求下放回内蒙古工作，后任自治区人民委员会副主席。

1991 年 10 月 25 日，朋斯克因病逝世于呼和浩特。

8 抗日义勇军血战阜新

国家兴亡，匹夫有责。1931 年"九一八"事变后，阜新地区的热血男儿纷纷拿起刀枪，参加抗日义勇军，杀敌报国。他们炸铁路、攻县城、抗击日本侵略军，用血肉筑起新的长城，成为国歌《义勇军进行曲》歌词的创作原型。

1932 年 1 月，日本侵略军兵分三路进犯热河（当时彰武县属辽宁省，阜新县属热河省），第一路经通辽入开鲁；第二路由彰武顺大路入绥东（今库伦旗）；第三路由黑山经新立屯侵占阜新。活动在彰武地区由金子明领导的东北抗日义勇军第二十路军侦察到日军这一侵略行动，决定攻打彰武县郭家店（今五峰）火车站，以阻挡西进的日本侵略军。

金子明，今阜新蒙古族自治县大固本镇苏和营子人。1931 年"九一八"事变时，金子明正在沈阳，目睹日军烧杀抢掠的暴行，于是他潜回家乡，秘密建立抗日武装，不久与彰武县黄家窝堡乡绅黄忠兴所组织的抗日武装联合，成立东北抗日义勇军第二十路军，始建时有 2000 多人，极盛时发展到 1.2 万多人，是辽西抗日义勇军三大主力之一。

1932 年 1 月 9 日，抗日义勇军第二十路军第一支队司令金玉田率部 500 多人包围了郭家店火车站。第二天，抗日义勇军向车站发起攻击，与驻守日军激战一天，到晚上抗日义勇军冲进车站，日军 60 余人死伤大半。

郭家店歼敌，义勇军声势大振。彰武县伪县长王恕急忙向驻大虎山日本侵略军旅团长告急呼救。1 月 11 日，日本侵略军派 3 架飞机轰炸郭家店，并派"扫荡"部队到处搜索，却不见义勇军的踪影。可是日军刚刚撤走的第二天夜里，二十路义勇军又突袭了阜新县泡子火车站，歼敌 20 多人。

4 天后，金子明率部在阜新县十家子附近与日军激战，歼敌 32 人；半个月后，在新民县鱼鳞堡子歼敌 40 多人。

鱼鳞堡子战斗结束后，为进一步牵制日军兵力，配合东北军反攻，金子明第二十路抗日义勇军和耿继周第四路抗日义勇军、原东北军二十旅于澄部、义勇军第五军团孙柱国部联合，决定攻打彰武县城。

义勇军采取调虎离山的策略，首先攻打彰武县城北 30 里铁路沿线的小沙力土村护路队和地主武装。

1932 年 2 月 10 日拂晓，义勇军包围了小沙力土村。王恕急派防守县城的部分军警出援。义勇军一面打围，一面打援，经过 3 个多小时的战斗，攻破伪军警踞守的地主宅院，击毙 30 多人，扫清了攻城障碍。

2 月 11 日晚，3000 多抗日义勇军官兵乘胜南下，直奔彰武县城。第二天拂晓开始攻城。耿继周率骑兵队首先突破伪军警在城墙东北角的防线，从城墙倒塌处冲进城内。伪军警凭险阻击，战斗异常激烈。义勇军与伪军警短兵相接，几经争夺之后，占领了伪县公署、警务局、电话局、税务所、日本指导官驻所等官署。最后将溃逃的残敌包围在德益公当铺院内。下午3时左右，伪军张海鹏部傅明勋支队由伊胡塔赶来增援，义勇军主动撤离彰武。

这次战斗，义勇军声威大震。中华苏维埃共和国临时中央政府机关报——《红色中华》，报道了彰武地区抗日义勇军的活动。

1933年2月5日晚上，大年三十，寒风凛冽，雪花飘飘。一支抗日义勇军小分队顶风冒雪，悄悄来到彰武县绕阳河畔的柳条沟村（今属彰武县双庙乡），准备炸毁打虎山—通辽铁路线上的绕阳河铁路大桥。

这支义勇军小分队是由东北抗日义勇军第十五路军司令贾秉彝率领的。贾秉彝原是东北军下级军官，带领2000多名抗日义勇军官兵，在阜新地区坚持抗日斗争。

1933年1月，日本侵略军加紧准备大规模侵略热河省。贾秉彝得知这一情报后，决定炸毁绕阳河铁路大桥，以阻止日军的进攻。他事先派人对大桥的情况进行了侦察，摸清情况后，决定于农历年三十晚上炸桥。

农历大年三十晚上，贾司令亲自率领18名义勇军战士，用6匹马驮着炸药，来到绕阳河铁路大桥安装炸药。夜里11时，一声巨响，大地颤动，在冲天的火光中，大桥被炸毁。

绕阳河铁路大桥被炸后，铁路受阻月余不能通车，从而破坏了日军侵略热河的计划。

1933年3月2日，阜新县城北老鹰窝山下，3000多名抗日义勇军官兵聚集在这里，宣告东北抗日义勇军第四军团五、六、七、八梯队正式成立，分别由贾秉彝、田霖、英若愚、徐福担任司令。

1933年2月下旬，日伪军大举进攻热河省，占领阜新县城。4月2日，抗日义勇军第四军团攻打阜新县城，经过激烈战斗，收复县城。4月6日，日伪军4000多人从新立屯向阜新开来，防守阜新县城的义勇军分兵抵御，迎击敌人，歼灭敌人100多人。直到4月8日日伪军绕道逼近县城，义勇军与日伪军激战3个多小时，终因伤亡过大被迫撤出县城。

阜新沦陷后，这几路义勇军继续转战辽北，坚持抗战，但先后失败，残部加入了由杨靖宇领导的东北抗日联军。

当年活跃在阜新地区的抗日义勇军中，高鹏振、苑九占的事迹在阜新民众中流传很广，并先后被辽宁省人民政府追认为革命烈士。

起来！起来！不愿做亡国奴的人们！民族已危亡，山河已破碎！留着我们的头颅何用？拿起刀枪，携手并肩，冒着敌人的枪林弹雨向前冲！……

这是一支浴血抗战的东北抗日义勇军的誓词和军歌。1932年，曾在这支义勇军部队工作的中共地下党员张新生（化名王立川），将报道这支抗日义勇军英雄事迹的文章《血战归来》，刊登在中华苏维埃机关报《红色中华》上。这支东北抗日义勇军，就是"九一八"事变后转战于彰武、阜新县等地的"东北国民抗日救国军"。这支部队的创建人和领导者，就是江湖绰号"老梯子"的高鹏振。

高鹏振，今黑山县英城子乡朝北营子人，少年习武，性格豪爽，因打抱不平与官军结下冤仇，投身绿林，杀富济贫。1931年9月27日，他联合一些东北军军官和绿林武装在新民县举起抗日大旗，10月改编为东北第一支抗日义勇军——东北国民抗日救国军，有1300多人。此后，他率领这支部队转战辽西，出生入死，与日伪军战斗几十次，消灭日伪军500多人，日伪当局将他与杨靖宇、赵尚志等同列为"满洲国整肃的重点"，悬重赏缉拿。1937年6月23日，高鹏振在彰武县太平山村养伤时被叛徒杀害，年仅39岁。

苑九占，出生在今阜新蒙古族自治县东梁镇转角庙村。

苑九占

1928年，26岁的苑九占为报家仇投身绿林。"九一八"事变后，他率部200余人赶回阜新，加入辽西抗日义勇军第一路军，在阜新、朝阳、锦县、大洼一带打击日伪军，3次失败，3次重举抗日大旗。1939年2月，苑九占在北平被日军特务逮捕，4月13日在阜新县孙家湾南山慷慨就义，年仅37岁。

9 阜新煤矿"特殊工人"抗日暴动

阜新煤矿"特殊工人",是指在华北地区被日伪军抓捕的抗日军民,他们当中有被俘的八路军指战员,也有国民党军队的官兵,还有抗日根据地的干部群众。从 1941 年 2 月到 1943 年 5 月,共有 10 多批、9300 多名"特殊工人"被日军由关内押送到阜新各煤矿挖煤。满洲炭矿株式会社阜新矿业所对"特殊工人"实行的是企业管理和军事镇压相结合的管理方式,住的是围着电网的大院,干活由矿警押送。但"特殊工人"中的共产党员不甘心当亡国奴,他们自发地建立秘密党组织,发动和领导"特殊工人"采取怠工、罢工、制造事故和暴动等方式,顽强地同日伪统治当局进行斗争。

1942 年 8 月 25 日,石门(石家庄)劳工教习所将刘贵为大队长、崔溯源为副大队长的 300 名"特殊工人"押送到阜新新邱采炭所当劳工。来到新邱后,刘贵就提出"突网(住地电网)暴动"。秘密党组织新邱特别支部负责人李振军(原抗大二分校三团宣传股股长)、朱韬(原抗大二分校三团政治主任教员),经反复研究最后同意了暴动。刘贵是八路军连长,虽然不是党员,但他在冀中根据地时就认识李振军和朱韬,对他俩是完全信任的。

为了保证暴动成功,暴动前做了周密安排。按照新邱特别支部意见,成立了两个突击队和一个护送病弱的战友小组。暴动时间确定在 9 月 2 日夜里 12 时,以哨音为令。暴动前以班为单位分发了干粮——每人两个高粱面饼子。计划暴动成功后，把现有的6个班建成6个连，拉起队伍，取道热河奔回根据地。

按照预定计划，9月2日夜10时许，趁天黑，齐文义护送着病弱人员离开宿舍大房子，向医院附近的小水沟处移动。齐文义悄悄摸进厨房，拿出两把菜刀，分给韩玉波一把。齐文义拿着菜刀在前边带路，戴绪书、韩玉波在后边警戒。他们爬行约50米，便到了小水沟旁。这时，戴绪书为了战友的安全，挺身而出，抢过菜刀，倏地滚入沟底，扑到电网跟前，举刀就砍，刹那间，一道耀眼的蓝光闪过，戴绪书触电牺牲了。

电网闪出的蓝光，惊动了值勤的矿警，暴动暴露了。

深夜12时左右，突击队砸开仓库，取出铁锹、镐头等作武器；齐文义从窗户跳进劳务系砸毁了电话机；王志光带领20名突击队员向北门突击；阎锐带领20名突击队员向东门（正门）运动。早已警戒在正门外边的日伪矿警立刻以密集的火力封锁住通道，突击队因此受阻，不能前进。这时，日本宪兵队、警备队、日军驻阜部队、矿警队倾巢出动，从四面八方赶来新邱镇压。暴动队员们用砖头、瓦块抵挡着追杀过来的敌人，最后又潮水般地涌向大院西北角。

韩玉波为大家开辟道路，不幸触电牺牲。有的暴动队员从宿舍里抱出被褥铺在电网上，想踩着被褥越过电网。人们又找来门板，搭在电网上往外跳。王志光看见有人蹬着电瓷瓶越过电网，他也小心翼翼地蹬着电瓷瓶跳了出去。他和逃出去的几十个人聚集在高粱地里，还没来得及商量对策，日伪军就向高粱地里开枪射击。他们只好不顾一切地向野地跑去。

天渐亮的时候，日伪军缩紧包围圈，大部分暴动队员被压缩在大院中间空地上。暴动失败了。参加暴动的共计292人，只有67人逃出，5人当场牺牲，45人身负重伤。暴动总指挥刘贵、副总指挥崔溯源和"特殊工人"的正副班长被押到日本宪兵队审讯，后被转到锦州监狱杀害。中共"新邱特支"负责人李振军、朱韬和210名"特殊工人"被关进海州"工人辅导所"监狱。由于没有暴露身份，李振军、朱韬以及53名"特殊工人"被高德采炭所秘密党组织"塞北支部"以挖煤缺少劳力为由营救出狱，其余难友都惨死在狱中。

李振军、朱韬出狱后，秘密党组织把组织"特殊工人"公开斗争转为串联"特殊工人"分散逃跑。李振军、朱韬也于1943年3月逃离阜新，重返冀中抗日根据地。新中国成立后，李振军曾任中国人民武装警察总队政委，朱韬曾任中国人民解放军体育学院副政委。

10　八路军接收阜新

1945年8月15日，日本投降的消息传到阜新，早在1943年年初就潜入阜新新邱煤矿开展地下工作的中共中央东北工作委员会直属阜新支部书记于宝琪，立即组织6名党员开会，分析形势，布置任务，组织700多人的护矿队，昼夜巡逻，守护在矿井和居民区。又在新邱地区召开群众大会，宣传抗战胜利的喜讯，号召工人团结起来，保护矿山，迎接八路军。

8月27日，苏联红军侦察部队进入阜新市区，后续部队两个步兵师和一个炮兵团于8月底9月初陆续到达阜新。

当时，阜新形势十分复杂。国民党被俘军官、太平采炭所小把头田子明组织成立700多人的"八路军"（老百姓称为"黑八路"），同苏军一起接管由汉奸头目组织的"阜新市地方治安维持会"，将其"委员长"、伪副市长黄千里逮捕，宣布成立"阜新市人民委员会"。伪满阜新炭矿株式会社劳务课课长孙立瀛宣布接收劳务课，并成立了有400多人的"阜新炭矿护卫大队"，准备配合国民党军队接收阜新。

日本投降后，按照延安八路军总部的命令，冀热辽军区立即派主力出关，于9月4日接收锦州，成立中共辽西地委和辽西督察专员公署。辽西地委组成阜新工作委员会、辽西专署驻阜新办事处。阜新工委领导阜新市和阜新县、彰武县、黑山县、北镇县。委派锦州卫戍司令部政治部主任于纯为阜新工委书记、卫戍司令部司令兼政委，聂品为办事处主任，马如飞为阜新市市长，曾在阜新煤矿当过"特殊工人"的叶舟为阜新县代理县长，韩玉玺为彰武县代理县长。

9月9日上午10时，于纯等率领冀热辽十六军分区十八团一个营（营长张智魁），由锦州乘火车来阜新。由于沿途各站缺水缺煤，行车速度缓慢，10日早晨才到达阜新车站。

中共阜新工委书记于纯（左）、营长张智魁（右）

八路军下车后，排成四路纵队，一律手持三八大盖枪，以军旗、军号为先导，以胜利之师的军姿，雄赳赳气昂昂、步伐整齐地开进市区，沿途受到市民夹道热烈欢迎。

当天下午，于纯便到苏军司令部联系。9月13日，苏军邀请于纯到苏军司令部会谈，承认八路军并表示支持。随即八路军正式成立阜新卫戍司令部，组建市政府，"阜新市人民委员会"自动解散。同时，以矿工为主体扩编部队，收编"黑八路"等各种杂牌武装。几天工夫，就扩军 3000 多人，十八团一个营扩编为团，张智魁任团长。

9 月 17 日，中共阜新工委在市内召开了庆祝阜新光复大会。出席大会的有工人、农民、工商业者、学生、八路军与苏军代表等各界人士四五百人。八路军还积极协助苏军处理日俘日侨的善后工作，负责保护日俘日侨安全遣返。八路军阜新卫戍司令部张贴布告，宣传中国共产党的方针政策，安定社会秩序，并派出巡逻队维护治安，对破坏社会秩序者严惩不贷。

9 月 18 日，中共辽西地委派冀热辽十六军分区副政委吴宗鹏率队来阜新接替于纯。

10 月初，中共辽西地委派原山东省西海地委书记兼军分区政委吕明仁来阜新接替吴宗鹏，任阜新工委书记、阜新卫戍司令部司令兼政委，12 月初改任阜新地委书记、阜新军分区司令员兼政委。吕明仁首先到矿区看望矿工，发动群众，斗争汉奸、恶霸、把头。10 月 26 日，成立阜新矿山管理委员会，主任由市长马如飞兼任，副主任王其五，决定发给矿工每人每月半吨煤和部分口粮，宣布从即日起，煤矿开始恢复生产。组建县大队，打击敌伪残余势力，建立基层党组织和革命政权。根据冀热辽军区命令，在阜新组建冀热辽军区三十旅，吕明仁兼任政委。阜新工委还举办了两期新干部培训班，每期 20 天，培训 100 多名矿工和青年学生，从中发展党员 50 多人，大部分学员分配到城乡各区和厂矿工作；举办蒙古族青年座谈会和训练班，大力培养蒙古族干部。

10 月 10 日，彰武县代理县长韩玉玺率领冀热辽八路军六十四团四连接收彰武县，随即成立彰武县政府。

12月28日，国民党军队进犯阜新，占领清河门。晚11时，驻阜新的新四军三师开始北撤。12月30日晨4时，吕明仁奉命率领阜新地委、市委、县委机关和部队撤往阜新县北部农村。晚6时，阜新市区和阜新县城被国民党十三军占领。

11 创建阜新北部农村革命根据地

1945年11月，国民党军队进犯辽西。11月26日，东北人民自治军总司令林彪率总部从锦州转移到阜新。在阜新，林彪接见了中共阜新工委书记吕明仁和阜新县委领导，指出阜新战略地位很重要，要创建农村根据地，用农村包围城市的办法，用灵活机动的战术消灭敌人。

12月初，根据林彪的指示和省委意见，阜新工委改为地委，吕明仁任书记；阜新卫戍司令部改为阜新军分区，吕明仁任司令员兼政委。阜新地委辖阜新市和阜新、彰武、黑山、北镇、库伦、奈曼六个县旗。

吕明仁

12月2日，新四军三师师长兼政委黄克诚率三师从锦州撤到阜新。新四军三师帮助阜新地委积极开展地方武装的组建和发展工作。除阜彰两县建立县大队外，各区都组建了小队或分队，加上村屯民兵组织，全地区地方武装发展到近万人。不久，新四军三师开赴西满，创建西满根据地。

12月30日，吕明仁根据中共中央关于"让开大路，占领两厢，建立巩固的东北根据地"的指示，率地市县党政军机关撤往阜新县旧庙、福兴地一带，创建阜新北部农村革命根据地。

在国民党军队大肆进犯东北的严峻形势下，1946年2月中旬，吕明仁率阜新地委机关及阜新市、黑山县、北镇县党政军机关转移到通辽。地委改为通辽中心县委，吕明仁任中心县委书记。4月，以通辽中心县委为基础组成辽西省（后辽吉省）五地委，吕明仁任地委书记。

阜新地委由阜新北部农村撤到内蒙古通辽后，阜新、彰武两县县委仍坚持在哈尔套、务欢池、旧庙、福兴地一带广大农村开展武装斗争。4月20日，辽西五地委在内蒙古库伦召开会议，决定将阜新、彰武两县合并，成立阜彰县委、阜彰土（土默特左旗）苏（苏鲁克旗）联合政府，阜彰县委书记刘昇云、副书记李长祯、县长张昌、副县长叶舟、旗长包忠爱、副旗长孟和巴图。县委驻地哈尔套。

1946年6月15日，中共辽吉省委成立后，为加强南部前沿地区的领导，决定在打虎山—通辽铁路以西各县旗，即阜新、彰武、黑山、北镇县和库仑、奈曼旗，设立辽吉五地委派出机关——路西分地委，赵龙为分地委书记。同时，以阜新、彰武、黑山三个县大队为骨干，组建有1500多人的路西支队，支队长孙兴华，在路西开展武装斗争。

9月初，国民党军队向阜新北部地区进犯。9月8日，阜彰县委从彰武县哈尔套转移到阜新县福兴地。10月11日，阜彰县委和路西分地委同设在康平的一地委机关撤退到内蒙古奈曼旗境内。后一地委和五地委合并。

12月下旬，为了恢复根据地，在辽吉省五地委领导下，阜彰县委抽调250名干部、战士，组成南进武工队，由县委书记刘昪云率领打回阜新北部地区。到1947年六七月间，县委又相继组织东进和南下武工队，向南和向东发展，阜彰县委管辖的8个区政权很快得到恢复，根据地得到扩大。

1947年9月，随着东北民主联军夏季攻势的胜利结束和秋季攻势的顺利展开，国民党军队被迫龟缩在铁路沿线的几个重要城镇，广大农村几乎都成了解放区或游击区。鉴于革命形势的发展，辽吉省委决定，一地委和五地委分开。五地委辖阜新、彰武、黑山、北镇四县和库伦、奈曼二旗及阜新市，刘莱夫任地委书记，曾志、徐明任副书记。同时阜彰县委也分开，分别成立阜新县委和彰武县委、阜新县土默特左旗联合政府、彰武县苏鲁克旗联合政府。地委和县委发动群众，扩大武装，大力收复地区，建党建政。到1947年年末，阜新县除海州城周围农村为游击区外，广大农村已全部解放。彰武县全境获得解放。解放区放手发动群众，掀起轰轰烈烈的土地改革运动。

12 国民党阜新市市长韩梅村将军起义

1947年夏，解放战争正处于紧张激烈的鏖战阶段。在此历史紧要关头，5月1日，国民党阜新市市长、东北保安三支队少将司令韩梅村毅然在凌源城率部起义，弃暗投明，在东北国民党军内产生很大震撼。

韩梅村

韩梅村，又名雪庵，1901年出生于湖南省华容县一个贫苦农民家庭，12岁到药店当学徒。1921年到湘军中当兵，1925年2月经董必武介绍考入黄埔军校第三期。同年12月到国民革命军一军三师七团任排长。在此期间，他受到周恩来、蒋先云等共产党人的教诲，对革命形势和前途有了新的认识。北伐战争中任连长。后一直在国民党嫡系关麟征和杜聿明部下任职，先后任营长、副团长、旅长、师参谋长等职，参加过长城抗战、台儿庄战役和武汉会战，后因积极抗日，遭受排挤，于1941年愤然辞去师参谋长职务，托病去桂林休养。在桂林结识了中共地下党员肖漪萍、邓钧洪等人，思想发生了深刻变化，对国民党政府的腐败深恶痛绝，对共产党开始心存向往。

1945年12月初，韩梅村被老上级、国民党东北保安司令杜聿明委任为东北保安司令长官部少将高参兼直属部队指挥官。1946年1月，被任命为国民党阜新市市长（7月市县合并后任县长），后兼任东北保安三支队少将司令。

　　韩梅村有个同乡，叫杨明清，是位爱国进步青年，任国民党阜新市政府主任秘书。韩梅村通过杨明清，写信邀请邓钧洪来阜新。中共湖南工委研究后，决定派邓钧洪来阜新争取韩梅村起义。邓钧洪于 1946 年 6 月底到达阜新，被韩梅村委任为机要秘书。邓钧洪到阜新后，与韩梅村、杨明清经过反复研究，决定从两个方面着手工作：一是利用手中的军政大权，同形形色色的反动势力进行斗争，减少民众的痛苦；二是设法打通与当地党组织和东北民主联军联络的渠道。1947 年 2 月，中共湖南工委又派周太暄、陶涛夫妇来阜新，协助邓钧洪帮助韩梅村策划起义，二人的公开职业是省立八中教师。

　　鉴于保安三支队是在凌源县地主武装的基础上扩编的，为了加强对部队的控制，韩梅村请杜聿明批准，将驻防凌源的保安三支队的三个团缩编为两个团，其中一个团拨给五十二军，又在阜新将县保安大队等武装改编，新组建两个团，从而增强了自己的实力。

　　在地下党组织的帮助下，韩梅村思想发生了根本变化，决心武装起义。韩梅村派邓钧洪两次带少数部队到阜新县西北地区，以巡查为名，寻找机会同东北民主联军接触，以便联系，都没有成功。1947 年春节，邓钧洪又化装成小商人，在阜新县紫都台找到东北民主联军冀察热辽军区十七旅旅部，旅政治部主任李质接待了邓钧洪，有了初步接触。邓钧洪回来把情况向韩梅村汇报后，立即着手准备十七旅要的物品。3 天后携带 20 张盖好阜新县政府大印的空白公文纸和阜新地区国民党军事布防图，又化装来到十七旅旅部，受到李质的热情接待，二人商量了今后联系方法等事宜。

1947年3月，就在韩梅村积极筹划起义的时候，却接到杜聿明的命令，奉命率保安三支队两个团移防凌源，担任护路任务，从而失去了在阜新起义的机会。

当时兼中学校长的邓钧洪，因等爱人李茵到来暂不能动身。周太暄以韩梅村秘书、陶涛以韩梅村的家庭教师身份随韩梅村到了凌源。与东北民主联军联络的任务，就由周太暄承担起来。韩梅村派周太暄两次化装进入解放区，终于和东北民主联军冀察热辽军区十六旅取得联系。十六旅派通讯科长戴平三入凌源县城，与韩梅村共商起义事宜。韩梅村决定于4月30日午夜发动起义。

4月29日，韩梅村命令可靠部队看守好军用仓库等要害岗位。十六旅也派便衣小分队潜入城内，暗中控制了各主要道口。韩梅村以点名发饷为由，命令驻在铁路沿线的部队到凌源车站集合。

4月30日夜幕降临，接应韩梅村起义的十六旅两个营破坏了凌源车站东西两面的铁路，一个营监视在车站集合的保安三支队的两个营。午夜，十六旅另外两个营向县城西门和北门发起佯攻，韩梅村立即命令守城部队撤回司令部附近待命。十六旅旅长张德发亲自到保安三支队司令部接应韩梅村。5月1日凌晨，韩梅村在司令部大院门前召集保安三支队全体官兵，宣布起义。上午，韩梅村又集中保安三支队军官开会，在会上讲了以蒋介石为首的国民党反动派统治的罪恶和他之所以举行起义的道理。邓钧洪也在会上讲了话。保安三支队大部分官兵参加了起义，一部分官兵中途逃跑。

5月1日中午，韩梅村带领1000多名起义官兵、百余辆满载军用物资的大车，浩浩荡荡地开向十六旅驻地宁城八里罕，受到热烈欢迎。

到达八里罕后，韩梅村立即通电全国，宣布国民党东北保安三支队反蒋反内战起义成功。

5月9日，中共中央冀察热辽分局书记、军区司令员程子华在赤峰市亲切接见了韩梅村。起义部队改编为热河民主救国军独立第一旅，韩梅村任旅长。后以此旅为基础组建了东北人民解放军冀察热辽军区独立六师，韩梅村任师长。1948年11月编为东北野战军四十八军一六一师，韩梅村任师长。韩梅村率部参加了平津战役，打过长江，进军江西。1949年6月，一六一师调归江西省军区建制。

1947年7月15日，韩梅村加入中国共产党。新中国成立后，韩梅村曾任江西浮梁军分区司令员，江西省农林垦殖厅副厅长、江西省政协常委。1955年被授予解放军大校军衔。1996年11月27日病逝，享年96岁。

13 双枪红司令乌兰和她领导的蒙民革命武装

在阜新地区，广泛传颂着双枪红司令乌兰的传奇故事。她扎着两条大辫子，身穿绛紫色紧袖蒙古袍，系一条蓝色丝绸腰带，脚蹬黑色长筒靴，腰里斜插两支短枪，骑着一匹青色战马，率领蒙民骑兵驰骋在热辽大地，打土匪，斗恶霸，威震敌胆……

乌兰，蒙古族，1922年9月15日出生在内蒙古卓索图盟

乌兰

土默特右翼旗（今辽宁省朝阳县）凤凰山下嘎岔村。1937年3月，15岁的乌兰在北平加入中国共产党外围组织——中华民族解放先锋队，担任地下交通员。北平沦陷后，乌兰参加了爆破小组，常与好朋友于兰、林兰搭伴，进行爆破，把日本侵略军炸得胆战心惊。

1937年，乌兰进入延安抗大学习。1939年，在抗大加入中国共产党。毕业后在伊克昭盟游击队、中共中央西北局民族问题研究室、西北民族学院工作。

1945年日本投降后，乌兰把不满两岁的大儿子成锁思送到延安第二保育院，随中共中央派往东北的干部队伍挺进东北。1946年3月，24岁的乌兰来到北票，任中共热辽地委委员、蒙民工作委员会副主任。

1946年3月1日，乌兰在敖汉旗小河沿召开了北票县武工队17人参加的会议，宣布成立内蒙古人民自卫军卓索图盟纵队第十一支队，支队长王景阳，乌兰任政委。北票和阜新西部地区的蒙古族青年踊跃参军，蒙民十一支队很快发展到240多人，成为热辽地区一支重要革命武装力量。蒙民十一支队后来扩编为热河军区独立四十七团。

乌兰又在敖汉旗组建了卓盟纵队第十二支队，李海涛任支队长，乌兰兼任政委。蒙民十二支队后来扩编为热辽二十一军分区蒙民骑兵六团，在解放战争中屡建功勋。

1948年3月18日，独立四十七团和蒙民骑兵六团都参加了解放阜新的战斗。

为了开展好革命宣传，乌兰组织了一支由11名蒙古族青年组成的宣传队。今阜新蒙古族自治县太平乡出生、后来成为著名作家的玛拉沁夫也从冀热辽八路军十七旅调来参加了宣传队。那年他刚刚15岁，行军时和乌兰大姐同骑一匹马，晚上睡觉就盖着乌兰大姐的蒙古袍。

1946年5月，阜新县西北地区兴起一支名叫"大刀会"的反动会道门组织。他们身着绿兜兜，脸涂关公模样，手使大刀片，大肆吹嘘说"佛法护身，刀枪不入"，武工队常遭到他们袭击。9月13日，匪首王子明带领"大刀会"300多人到奇金台（今属阜新蒙古族自治县太平）进行抢掠，当晚住在奇金台。乌兰带领蒙民十一支队配合热辽军分区副司令员陈炎清指挥的两个营，于14日夜里突袭奇金台。步兵在村外挖了战壕埋伏好。拂晓，乌兰派出中队长毕庆龙带领少数骑兵佯攻，"大刀会"看到解放军只有几十人，便一窝蜂似地冲出来，冲到开阔地时，埋伏在村外的解放军步兵立即向敌人开火。乌兰也率领骑兵杀了回去，她手使双枪左右开弓，"大刀会"纷纷倒地。"大刀会"见势不妙，拼命突围逃窜。蒙民十一支队彪悍的骑兵扬起套马杆子、挥舞马刀，紧紧追杀，一些"大刀会"成员被套马杆子勒住，被生擒活捉；少数顽抗者在马刀下成了无头鬼，只有匪首王子明带几个人逃到海州。

1947 年 9 月，热辽地区开始了轰轰烈烈的土地改革运动。乌兰参加了北（票）阜（新）义（县）土改工作团第三分团，任副团长。团部设在阜新县旧贝营子（今属阜新蒙古族自治县七家子镇）。阜新县瑞应寺当时是具有近 300 年历史的佛教圣地，庙里喇嘛最多时有 3000 多人，辖有 17 个自然屯。由于敌特反动宣传，喇嘛不明真相，对中国共产党和解放军持怀疑和敌视态度。乌兰带 5 人前去和瑞应寺大喇嘛白音德力格尔谈判，达成三条协议：一是保护大喇嘛安全；二是寺庙宗教活动正常进行；三是寺院所辖村屯进行土改。乌兰和蒙民十一支队支队长韩廷还设计在瑞应寺抓获 70 多名地主武装、土匪头目和国民党特务，为阜新县西部地区进行土改扫清了障碍。

经过乌兰和韩廷宣传教育，瑞应寺喇嘛武装大队集体参加解放军，俗称"喇嘛营"，编入热河军区独立四十七团。

乌兰还兼任蒙民十三支队政委。蒙民十三支队前身是 20 多名蒙古族青年在阜新县平安地成立的蒙民大队。大队长王保山，副大队长骆长胜。到 7 月，这支队伍发展到 400 多人。10 月，国民党军队大肆向阜北根据地进犯，队伍向奈曼旗大沁他拉战略转移。中共辽吉省委书记陶铸接见了全体指战员，为部队补给 40 多支枪、数千发子弹和部分坐骑。

1947 年年初，蒙民大队转战到林东。内蒙古自治政府主席乌兰夫接见了排以上干部，并批准蒙民大队全体指战员进入内蒙古自治学院学习。5 月，蒙民大队改编为卓盟纵队第十三支队，骆长胜任支队长，乌兰兼任政委。6 月，十三支队回师阜新。7月中旬，在阜新县旧庙区与阜彰县旗联合大队二中队合并，成立辽吉五军分区骑兵独立团，赵福林任团长，中共阜彰县委书记刘昇云兼任政委。后骆长胜任团长，布仁任政委。全团辖4个连队，共700多人。1948年3月，编为内蒙骑兵二师二十三团。

蒙民大队大队长王保山（后排右）和阜彰县县长张昌（前排右）

蒙民大队自组建后，铁骑驰骋辽吉大地，为保卫根据地、解放东北立下了赫赫战功。蒙民大队还培养锻炼出一大批民族干部，为革命事业做出了突出贡献。

1947年5月1日，乌兰参加了在王爷庙（乌兰浩特）召开的内蒙古自治政府成立大会，当选为自治政府委员。

新中国成立后，乌兰历任内蒙古自治区妇联党组书记、主任，自治区经委副主任、党组副书记，全国总工会书记处书记兼女工部部长。

解放战争时期，乌兰和阜新人民结下了鱼水深情。1987
年 4 月 5 日，乌兰在北京病故，遵照她生前的遗愿，把部分骨
灰撒在阜新。为了长久地纪念乌兰，阜新人民把撒骨灰改为安
放骨灰。如今，乌兰的部分骨灰就安放在三一八公园纪念碑
下，每逢清明节，前来吊唁的群众络绎不绝。

14 解放阜新

1947 年夏天，随着辽吉战场形势的变化，通辽、郑家屯等
地相继被人民解放军攻克，国民党为了加强沈阳至锦州一线的
防务，对阜新市区海州城大举增兵，几个团进驻海州城至新邱
街一带。强迫矿工和市民在城四周修筑 100 多座碉堡，挖城壕
10 万多立方米，壁垒森严，使海州城成为国民党军队在东北战
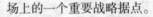
场上的一个重要战略据点。

1947 年 2 月，中共辽吉五
地委派阜彰县委副书记赵任远
带领交通员马恩波潜入海州，
统一领导阜新国统区的地下斗
争。赵任远在新立屯创办《大
公报》分销处，以此为秘密交
通站，开展地下活动。7 月 1
日，赵任远在新立屯被国民党
特务逮捕，押往锦州，后在沈
阳牺牲。1946 年年初就潜入阜

黄永德

新，在国民党东北保安三支队做地下工作的黄永德、刘昆和他们发展的王振武、郭九遵等同志，潜伏在阜新煤矿的张汉武、于俊、张凤山、曹景山和潜伏在海州国民党守军二十师的吕志杰、戴洪云等同志克服各种困难，冒着生命危险，获取大量国民党军政情报，秘密报给地委，为解放阜新做出了重要贡献。

1947 年 9 月 17 日，东北民主联军七纵队在邓华司令员指挥下，分兵两路向海州城东外围的新邱街和阜新县城发起攻击。七纵队十九师于 9 月 16 日午夜开始攻打县城，17 日晨攻克。17 日拂晓，七纵队十九师两个团和骑兵一大队攻打新邱街。中午，攻克新邱，驻新邱的国民党军队暂编五十一师师部及第二团全部被歼，敌少将师长唐葆黄在新邱街头自杀。

1947 年 12 月起，东北民主联军向国民党军发动空前规模的冬季攻势。12 月 15 日，林彪命令第二、第七纵队和炮兵纵队，在辽吉五军分区地方武装配合下，由二纵队司令员刘震统一指挥，攻打彰武县城。

彰武，古称"全辽管钥"，是辽西走廊北侧军事重镇，大郑铁路线贯通南北，战略地位十分重要。1946 年年初，国民党军队占据彰武后，加固四周城墙，在高山台等地修筑碉堡、堑壕等工事 268 处，并在阵地前设置三道铁丝网、一道鹿砦、一道绊马桩，碉堡与坑道连通，壁垒森严。

12 月 23 日，东北民主联军各部队先后展开外围作战。经 6 天外围战斗，已将敌人依赖的外围据点相继肃清，从四面逼近城墙。

12 月 28 日 7 时 30 分，东北民主联军炮兵以猛烈炮火向城墙东南角、西北角、敌师部等主要目标射击。经 90 分钟炮火射击，将城墙东南角轰开一个 30 米宽的缺口。9 时整，攻城部队发起总攻，仅 55 分钟即突破敌城防。与此同时，七纵二十一师各部由城墙西北角突破口突入，二纵六师十六团由南门突入。14 时，战斗全部结束。此役，全歼敌官兵 10056 人，师长乔文礼化装潜逃，副师长李福泰被俘。

七纵十九师五十六团团长赵光明在此次战斗中光荣牺牲。赵光明，1913 年出生在法库县秀水河子镇，1937 年参加革命。

彰武攻坚战是东北民主联军 1947 年冬季攻势中重要的一次大仗，为后来进行辽沈战役创造了有利的条件。中共中央发来嘉奖电："庆祝你们攻克彰武，歼敌一师的胜利。"

海州城西边还有一个敌人的重要据点，这就是阜新县伊吗图。由于村西头有伊吗图火车站，村东北又是铁路大桥，战略位置重要，国民党派了一个营驻守伊吗图。1948 年 1 月 3 日，东北人民解放军冀察热辽独立三师九团分成三路从驻地蜘蛛山出发，一路急行军，于 4 日拂晓前包围了伊吗图。敌军住在两个地主大院内，炮楼和围墙很高，墙外地形开阔，只有小树林可作掩护，人民解放军攻打一天，未能攻克。4 日晚上，人民解放军以迫击炮轰击大院南大门，四面一齐开火，经过激战，终于攻克炮楼，全歼守敌。这次战斗，切断了新义线交通，打乱了敌人的防御体系。

随着东北解放战争形势的发展，1948 年 1 月，阜新地区和邻县除海州、义县仍为国民党军占据外，其余地区已全部解放。海州城处于解放区的包围之中，孤立无援。2 月中旬，国民党守军外出抢粮，被由阜新县蒙民大队改编的辽吉五军分区骑兵独立团打得大败而归，副师长也被击毙。从此再也不敢出城，仅靠飞机空投粮食，艰难度日。3月17日夜里，国民党守军九十三军二十师主力及部分杂牌军逃离海州。由于铁路已被破坏，只好沿公路向西逃窜。国民党阜新县政府官吏、阜新煤矿公司的头头及矿警、地主还乡团也尾随其后，队伍绵延几华里。

为了截击溃逃的敌人，东北人民解放军冀察热辽二十一军分区独立一团、二团，蒙汉独立四十七团，蒙民骑兵六团，在军分区副司令员兼参谋长徐乃斌的统一指挥下，进入清河门地区。各部队于17日20时进入指定位置，构筑工事，设置障碍。

3月18日上午8时，南逃之敌在7辆装甲车和前卫营掩护下，进至清河门，遭到人民解放军顽强截击。敌军队形大乱，前部敌军在装甲车的掩护下，拼命向西逃窜；后部敌军溃不成军，公路上，田野里，到处是敌军丢弃的大车和各种物资。

参加清河门战斗的蒙民
骑兵六团团长李海涛

18日16时，从海州出逃的敌人和义县接应的敌人会合后向义县城逃窜，人民解放军奋勇追击，骑兵挥舞马刀，漫山遍野地向敌人杀去，直至太阳完全落山，敌人逃过大凌河。清河门截击战，毙敌153

名，俘虏 202 名，缴获大批枪支弹药、汽车、大车、骡马，还抓获逃亡地主数百人。至此，阜新地区全境解放。

3 月 18 日午夜，参加清河门战斗的蒙民骑兵六团前卫连首先开进海州城，接收了国民党阜新煤矿公司。正在阜新县西部地区进行土改的北票阜新义县联合县委宣传部长周景尧，带领一百多干部战士，也连夜进驻海州，占领了国民党政府机关。蒙汉独立四十七团一营、二营，是由蒙民十一支队和佛寺喇嘛武装改编的，曾经在乌兰领导下，在阜新西部地区战斗一年多，清河门战斗结束后，不顾疲劳，星夜东进，于 19 日拂晓前赶到海州。指战员们为了不惊扰市民，就在冰雪尚未完全消融的大街上暂时歇息。天亮了，海州市民发现解放军战士躺坐在冰冷的大街上，十分感动，立即热情地让战士们进屋里休息。人民群众奔走相告，笑逐颜开。

3 月 19 日天刚亮，冀察热辽二十一地委任命的阜新市市长、原北票阜新义县土默特中旗土默特左旗联合政府县长周鸣岐，就带着十几名干部随同部队进驻海州。周景尧任副市长。当时阜新地区大部属于中共辽吉五地委领导，因此辽吉五地委的干部和辽吉五军分区二十五团也在 3 月 19 日进驻海州。3 月 25 日，按照中共中央东北局指示，阜新市由辽吉五地委接收，冀察热辽二十一地委的干部、部队交接后撤离海州。

4 月 6 日，在辽吉五地委领导下组建的阜新市委、市政府开始工作，原五地委城工部副部长丁丹任市委书记。同时，任命原辽中县县长冯安国任阜新市市长、城防司令兼阜新县县长。当时阜新市与阜新县合治。4 月 17 日，阜新市和阜新县

分开。4月18日,阜新市政府正式成立,阜新市政府所辖3
个区,13个村,都相继建立人民政权。

丁丹(前排右)、冯安国(前排中)

5月1日,阜新市召开庆祝大会,两万多干部群众和驻军
指战员参加了大会,各族人民载歌载舞,大街小巷一片欢腾。
从此,阜新历史掀开了恢复和发展生产、支援全国解放战争的
新篇章。

四　地方文化

　　阜新市是新中国重要能源基地，是中国玛瑙之都。阜新地区长期蒙汉杂居，各族人民和谐相处，共同开发了这片广袤而神圣的热土。草原文化、农耕文化和矿山文化长期交融，从而形成了民风淳朴、风格豪放、民族特色鲜明的地方文化。

1　阜新玛瑙雕

　　清乾隆三十四年（1769）春，土默特左翼旗宝柱营子一个乡野犁地之人拾到一块玛瑙，把它献给王爷，王爷得此宝物，请来瑞应寺活佛鉴赏，并谋求将其雕琢成精美之物为乾隆帝寿诞敬献。这块璞经过玉雕高手雕琢，成为一串惊艳绝伦的朝珠，博得乾隆帝欢欣。帝问此玛瑙产于何处，答曰"宝柱营子"。帝曰："何不叫宝珠营子呢？就叫宝珠营子吧！"于是宝柱营子就变成"宝珠营子"。现今阜新蒙古族自治县七家子镇宝珠营子村就是因乾隆皇帝60大寿时蒙古勒津王爷进献

"佛光玛瑙朝珠"而受封得名的。

玛瑙属二氧化硅的胶体溶液，是在火山岩裂隙或空洞中一层层一圈圈沉淀而成，由于每一层所含微量元素不同，所以呈现不同的颜色，有"千种玛瑙万种玉"之说，其花纹形态千差万别，品种繁多，绚丽多姿，溢彩流光，硬度为摩氏 7 度，可与翡翠硬度相媲美。

玛瑙自古被视为美丽、幸福、吉祥、富贵的象征，因其兼具瑰丽、坚硬、稀有三大特征，从而荣膺"玉石"桂冠。玛瑙雕刻是一种传统的民间艺术。地处辽西北的阜新是中国主要的玛瑙产地、加工地、玛瑙制品集散地，玛瑙资源储量丰富，占全国储量的50%以上，且质地优良，色泽丰富，纹理瑰丽，品种齐全。

玛瑙属中档宝石，具有多种天然色彩和条带花纹，是雕刻的理想材料。玛瑙有"玉黄金"的美称，其材质本身就具有收藏、保值、增值作用。制成一件精美的玛瑙玉件要经过选料、剥皮、设计、抛光、初雕、细雕和配座七道工序。据出土文物显示，早在辽代，阜新的玛瑙加工业就已十分发达。辽墓中出土的玛瑙酒杯、玛瑙围棋、项链等，质地上乘，造型优美，工艺精湛，令当今艺人惊叹。据《清实录》中"宫廷琐事"载：阜新"开挖窑洞十六，窑工千人，南部设有商邑。"相传清代宫廷摆设的雕件及所用的玛瑙饰物大多数取材于阜新，甚至加工于阜新。除大型雕件外，其常见的玛瑙制品有鼻烟壶、水盂、围棋、龙盘、佛手等。

1974 年，根据周恩来总理指示雕成的阜新玛瑙《水帘洞》，现藏于中国国家博物馆。

改革开放以来，阜新迎来了玛瑙加工业的辉煌时期。阜新市从事玛瑙加工的厂家、销售的商家近 5000 户，仅阜新蒙古族自治县的十家子镇、老河土镇就有 3128 户。闻名全国唯一的大型玛瑙专业批发市场就设在十家子镇。每逢阳历 3、6、9 集日，国内外客商云集，购销两旺。

阜新玛瑙雕工艺门类齐全，素活工艺在同行业中处于领先地位，其中打钻掏膛、取链活环、肩耳制作、透雕活球、装饰雕刻等技艺为其特有的绝活儿。阜新玛瑙雕的艺术特色为：巧、俏、绝、雅。巧，为人之灵气，创意大胆，构思奇巧，雕刻技艺精巧，巧夺天工；俏，为天之造化，充分利用玛瑙天然俏色、纹理及质感，所表现的人间万物栩栩如生，呼之欲出，逸趣天然；绝，为天人合一，使作品源于自然高于自然，源于生活而高于生活，使之成为出神入化的绝品，具有强烈的艺术感染力和震撼力，令人拍案叫绝。阜新不仅传统的素活如花薰、尊、瓶等雕刻得好，特色显著、风格独特的雅活也是做得出色。雅，不仅指作品格调高雅，而且是含有丰富的文化内涵，包含五千年华夏文明和民族精神，作品还表现出当代人们火热的生活和审美情趣。

要出精品，必有奇才。阜新有玉雕工艺大师或相当于工艺大师级水平的人才近 20 位，达到工艺师水平的 100 多人，他们在全国历届工艺美术大师精品博览会上不断捧回金、银、铜奖。阜新玛瑙雕已达到当今中国玉雕艺术的最高水平，不但有经济价值、文化价值、历史价值和艺术价值，在弘扬中华玉文化方面也起着举足轻重的作用。

邵景兴玛瑙雕作品《童趣》

2006 年 5 月 20 日，阜新玛瑙雕经国务院批准列入第一批国家级非物质文化遗产名录。2007 年 6 月 5 日，经国家文化部确定，阜新市的李洪斌为该文化遗产项目代表性传承人，并被列入第一批国家级非物质文化遗产项目 226 名代表性传承人名单。2013 年 9 月 12 日，在第八届中国阜新玛瑙博览会上，中国工艺美术协会正式授予阜新市"中国玛瑙之都"荣誉称号并授予牌匾。从此，阜新市玛瑙产业进入了一个新的历史发展时期。

2 蒙古族乌力格尔

阜新蒙古族乌力格尔也称胡尔沁说书，产生于康熙年间，三百多年来一直在蒙古勒津地区和内蒙古科尔沁草原广泛流传，演唱者手持四胡，自编自拉自唱，人们称为蒙古语说书。胡尔是流行于我国北方少数民族地区的一种拉奏乐器，汉译为"四弦胡"或"四耳胡"，简称四胡。胡尔沁多指手持四弦胡说书的艺人，"乌力格尔"是指在四弦胡伴奏下蒙古族说唱故事的曲艺艺术形式。"乌力格尔"系蒙古语"说书"的意思。蒙古族乌力格尔有两种形式：有伴奏说唱，用马头琴说唱的叫"朝仁乌力格尔"，用四胡伴奏演唱的叫"胡尔沁乌力格尔"；无伴奏说唱叫"雅把干乌力格尔"。胡尔沁乌力格尔是经过加工，配上曲牌，伴上四胡说唱出来的，听起来抑扬顿挫。

关于胡尔沁说书的起源，《蒙古秘史》里记载了这样一个传说：有一次成吉思汗带领几名部下到克者惕部落赴宴，其中一人在酒宴上豪饮大醉失态。赴宴回来后，盛怒的成吉思汗要杀掉这名给自己丢脸的部下，这个部下急忙对成吉思汗说："请让我为您说一段故事，然后您再杀我吧。"于是，这个部下拿起一把胡尔，边弹奏边说唱了一段降妖的神话故事，在场的人听得如痴如醉，纷纷喝彩。爱惜人才的成吉思汗于是免了他的死罪，后来还经常带着他参加各部落的交往活动，只是不再让他喝酒，而是让他为大家表演说唱，为酒宴助兴。胡尔沁声情并茂的弹唱有着不可抗拒的魅力，即使是一代天骄成吉思汗也曾被其征服。

成吉思汗这位死里逃生的部下是何许人已不可考证，不过，阜新的瑞应寺确实走出过一位传奇人物——被誉为"神

胡尔沁"的旦森尼玛。旦森尼玛是蒙古勒津胡尔沁公认的祖
师爷，出生在今阜新蒙古族自治县的佛寺镇，当过喇嘛，记忆
力惊人，后来离开寺庙到外地说书。这位祖师爷的足迹遍布蒙
古勒津和内蒙古科尔沁草原，不仅留下了众多脍炙人口的书
目，还培养了一大批优秀的胡尔沁弟子。而他所演唱的根据瑞
应寺小说家恩可特古斯撰写的《兴唐五传》（包括《苦喜传》
《全家福》《殇妖传》《傻僻传》《羌胡传》）而改编的书目，
至今仍是蒙古勒津流传最广、久负盛名的长书。

　　蒙古族乌力格尔分为传统和新编两种，传统乌力格尔演唱
内容以古典小说和通俗文学为主，新编乌力格尔则以现代题材
为演唱内容。阜新蒙古族乌力格尔吸收了英雄史诗、叙事民歌
和好来宝及古典文学民族民间说唱艺术的精华，内容丰富，语
言幽默诙谐，有很强的表现力和感染力。

阜新乌力格尔艺人在演唱

蒙古族乌力格尔除了要求嗓子好这一天赋外，还得练就一手好琴，必须是说唱拉琴双佳，才能胜任。记忆力也要好，特别要具备对蒙古族乌力格尔特殊的挚爱之情。艺人演出时，吟诵、歌唱、拉琴、表演，长达两三个小时的演唱，功力都来自积累和努力。蒙古族乌力格尔融说唱、拉琴、表演于一体，以吟诵式语调讲述故事，以民歌化的词章做词牌，以民间音乐做曲牌，乡土语言，朗朗上口。唱词俗语、谚语、民歌化，易于理解。

在鼎盛年代，阜新蒙古族自治县有300多名胡尔沁。乌力格尔喜闻乐见的艺术魅力，一直长久地吸引着蒙古族人民。乌力格尔被誉为蒙古族文化的活化石。2006年，阜新蒙古族乌力格尔入选第一批国家级非物质文化遗产名录；2008年，阜新蒙古族自治县韩英福（那木吉勒）、杨铁龙被评为国家级非物质文化遗产蒙古族乌力格尔代表性传承人。

3 蒙古勒津蒙医药

蒙古勒津蒙医药"血衰症疗法"，2009年被评为辽宁省级非物质文化遗产，2010年被评为国家级非物质文化遗产，代表性传承人是邢鹤林。蒙古勒津蒙医药"血衰症疗法"，作为辽宁省首个入选国家级非物质文化遗产的传统医药项目，打破了辽宁省申报国家级非物质文化遗产传统医药方面的"零"记录。

血衰症即西医所称的再生障碍性贫血，是多种病因引起的造血障碍，被称为血癌，是导致红骨髓总容量减少，代以脂肪髓，造血衰竭，以全血细胞减少为主要表现的一组综合症，治疗较为困难。长期以来，国内外诊治该症仍有三分之一的病例不能治愈。近年血衰症发病率呈上升趋势。

蒙医药主要通过"简、便、验、廉"的诊疗方法，对许多常见病、多发病进行准确的诊断，然后对症治疗。这种方法对一些疑难杂症也能起到特有的疗效。

阜新蒙古族自治县是蒙医药发祥地之一。蒙古医生邢布利德（蒙语意为雄鹰），1908 年出生于今阜新蒙古族自治县蜘蛛山镇塔子沟。1916 年，从师名蒙医乌恩巴雅尔，23 岁时出徒

邢布利德（左）

行医。行医 60 余年，用蒙药治愈了数以万计患有肝硬化、血衰症等疑难杂症患者。邢布利德从 20 世纪 60 年代开始研制治疗血衰症的蒙药方剂，治好了 28 位血衰症患者。1986 年，"再生障碍性贫血"课题通过辽宁省论证：总有效率达 92.1%，治愈率 31.3%，省内外专家教授认定，这一方剂具有科学性、先进性、可靠性，尤其是具有民族医药特色，在国内处于领先地位。1961 年，邢布利德主持翻译《蒙医金匮》，于 1978 年 10 月由内蒙古人民出版社出版。他还精心总结一生的医疗经验，写出《蒙医方剂选》，于 1985 年由国家民族出版社出版。邢布利德一生从事蒙医药事业，并为此做出了巨大贡献，1983 年受到国家民委、劳动人事部、中国科协的嘉奖。

蒙古勒津蒙医药创造了一个又一个的医疗奇迹，一宗宗妙手回春、起死回生的案例吸引了无数患者，不仅国内的患者蜂拥而至，美国、俄罗斯、新加坡、日本、马来西亚、印度尼西亚等多个国家的患者也纷至沓来。

为了更好地传承、发展、弘扬蒙古族优秀文化，为各民族人民群众的身心健康做出更大的贡献，辽宁省阜新蒙医药研究所投入了大量的人力、物力、财力，走访民间老蒙医及其后人，搜集蒙医古籍、方剂、经验古方和诊疗技术，尽最大可能减少传统蒙医药文化的流失。并在现有的基础上把传统的理论经验和目前临床医生的治疗经验有机结合，去粗取精，总结临床验证数据，进行资料积累和整理，进一步提高了蒙医药治疗水平。

4 阜新东蒙短调民歌

阜新东蒙短调民歌，产生并流行于阜新地区，已有 300 多年历史。据不完全统计，阜新东蒙短调民歌现存的就有 350 多首，它是蒙古族文化的重要组成部分。

阜新东蒙短调民歌，是集游牧文化和农耕文化于一体的民间艺术形式，歌词重叠复沓，运用比兴、对称、夸张手法，词浅意深，回味无穷。曲调平和流畅，旋律动人心弦，内容上主要分为叙事歌和抒情歌。在表演上有独唱、对唱、合唱等，有浓郁的蒙古勒津地方特色。已入选中国第二批国家级非物质文化遗产目录。

在长调基础上产生的短调民歌是蒙古族歌曲的一次飞跃。从某种意义上说，它记录了本部落的发展历史，反映了本部落各个历史时期的经济、政治、文化。阜新东蒙短调民歌对现代文化也产生了巨大影响。如在阜新东蒙短调民歌的基础上，产生发展的少数民族地方戏曲剧种阜新蒙古剧，填补了蒙古民族没有戏曲的空白。

据《阜新蒙古族自治县志》记载，1637 年，第一任土默特左翼旗扎萨克善巴率众到阜新地区定居，从此，阜新东蒙短调民歌由过去对草原蒙古包的赞颂变为对草房、檩子、土墙的描述。由于生产生活方式的改变，以及和周围其他兄弟民族的长期交往，生活习俗、文化形态都有所变化，阜新东蒙短调民歌逐步形成了具有农耕文化特点的文艺形式。

清朝中期以后，民间涌现的大批职业和半职业说唱艺人，身背四胡、走村串户，到处演唱，把阜新短调民歌带到东北和内蒙古东部各个角落，还随时把当时当地的真人真事编成新的短调民歌进行演唱。如 19 世纪初的旦森尼玛、乌日土吉乐图；20 世纪初的佟德林、图古乐；现在活跃于民间的马国宝、韩英福、杨铁龙、吴海峰等。据调查，流传于我国东北部蒙古族各地区的许多短调民歌都发祥于蒙古勒津。在很多民歌的歌词中，均唱到了蒙古勒津的人物、山河、经济、宗教、风俗等。从而，蒙古勒津享有了"歌的海洋"之美誉。阜新东蒙短调歌曲很多，赞颂歌、酒歌、礼仪歌、祭祀歌、情歌都是阜新东蒙短调民歌的组成部分。赞颂歌，主要赞颂英雄人物和事件，如《六十三》《海龙》《那木斯莱》等；情歌，是阜新东蒙短调民歌中最多的一部分，如《云良》《达雅波尔》《霍英花》《海棠白棠》等；礼仪歌，是蒙古族举行祭祀活动时唱的歌曲，有《呼和庙》《祭火歌》《关公颂》等；酒歌，有《四季歌》《天上的风》《四海》等。

阜新东蒙短调民歌演唱形式有独唱、对唱、重唱和众人合唱等形式。歌手不分男女身着长袍、穿长短坎肩，均系腰带。男的戴礼帽，女的戴头饰，男女足蹬皮靴子。在四胡、马头琴、扬琴、管、竹笛、笙、九音锣等乐器的伴奏下，歌者纵情歌唱，余音绕梁。

阜新东蒙短调民歌，无论从文学上还是音乐上都有较高的艺术水平，深受人们特别是蒙古族人民喜爱，自古就有"三人同行，二人是道古沁（歌手），一人是胡尔沁（说书艺人）"
的佳话。《诺恩吉雅》《云良》《乌银山丹》等都是著名的东蒙
短调篇章，流传甚广，至今被很多人所喜爱传唱。

2008 年 11 月，阜新民族艺术团演员韩梅被确认为阜新东
蒙短调民歌第七代传承人。

5　蒙古勒津祭敖包

十五的月亮升上了天空哟，

为什么旁边没有云彩？

我等待着美丽的姑娘哟，

你为什么还不到来哟嗬！

如果没有天上的雨水呀，

海棠花儿不会自己开；

只要哥哥我耐心地等待哟，

我心上的人儿就会跑过来哟嗬！

由阜新籍蒙古族著名作家玛拉沁夫作词的《敖包相会》
唱红大江南北，让人们记住了敖包，对敖包产生无限的憧憬和
遐想……

敖包，根据《辞海》的解释，"敖包"，一作"鄂博"，蒙
古语，"堆子"的意思，以石块堆积而成，原是道路或境界的
标志，后来成了祭祀山神、路神等活动的地方。

敖包即圆形石堆，是蒙古民族祭祀天地和祖先的突出地表

的载体。敖包通常设在高山或丘陵、草原上，由石头垒起，上植柳树或插柳条，此为神树；树枝上挂满五颜六色的神幡。敖包顶部竖有高高的绑着五彩经幡的"苏鲁定"（传说成吉思汗用过的带有圆盘的长矛，是成吉思汗远征时的军旗军徽，也是太平无事时的吉祥物）。敖包正面放着烧柏香的供案，供有整羊、马奶酒、黄油和奶酪等。祭敖包是蒙古民族盛大的祭祀活动之一。祭敖包时，在古代，由萨满巫师击鼓诵咒、膜拜祈祷；在近代，由喇嘛焚香燃柏、颂词念经。牧民面向敖包三拜九叩后，从左向右绕转三圈，祈求风调雨顺、四季平安、人旺年丰。

蒙古民族祭敖包的习俗渊源已久，其所祭祀的内容十分丰富。蒙古民族的原始宗教信仰萨满教崇拜长生天。在蒙古人的心目中，确有一个至高无上的神灵，就是"长生天"，蒙古人赋予它以极大的神力。在古代蒙古人的观念里，天和地是浑然一体的，认为天赋予人以生命，地赋予人以形体，因此，他们尊称天为"慈悲仁爱的父亲"，尊称大地为"乐善的母亲"。他们还崇拜山岳，崇拜河流，认为这一切都是由神灵掌管着。蒙古民族因为把万物都看作神灵来崇拜，从而也崇拜山川及土地的其他各部分或掌握这部分的神灵，认为敖包是天地间的使者，它能指向通往天堂的道路，因此便以祭敖包的形式来表达对神灵的崇拜。所以祭敖包不是单一的祭天或祭地，也是祭各种神灵。

祭敖包至今在蒙古勒津地区演绎流传，并受到蒙古民族和其他民族的热情关注。蒙古勒津地区在农历七月初二祭祀关山

蒙古勒津敖包

旗敖包，七月十三日祭民间的敖包。祭祀时先献上哈达和肉奶等供品，再诵经祈祷，并悬挂新的经幡和五彩经旗，众人跪拜，然后往敖包上添加石块加高，最后将带来的供品撒向祭拜敖包的人群，舍赐肉粥，祈望风调雨顺，人畜平安。

祭典结束后，举行传统的赛马、摔跤、射箭等比赛，有的青年男女走出人群谈情说爱，这就是所谓的敖包相会了。

祭敖包是蒙古民族古老文化的缩影，与此有关的一系列活动和礼仪体现了蒙古民族的创造力。祭敖包作为一种文化空间，包含了许多蒙古民族的传统文化和习俗，对研究游牧文化、蒙古民族发展史具有重要价值。蒙古民族祭敖包这一民俗，已被批准列入第一批国家非物质文化遗产名录。它神圣不衰的活力，让蒙古族人民深深地敬重和守望。

6 蒙古勒津安代

在 2013 年第十二届全国运动会上，蒙古勒津的大型安代舞在开幕式上演出，受到广泛的赞誉，人们被它那优美的旋律和动人的舞姿深深吸引。

安代舞是蒙古族民间的传统舞蹈艺术之一，由演唱与舞蹈两部分组合而成。据史料记载约形成于明末清初，最初是一种用来求神治病的宗教性舞蹈，后来逐渐演变为以歌伴舞的自娱性舞蹈。是古代"踏歌顿足""连臂而舞""绕树而舞"等集体舞形式的演变和发展。

相传很久以前，科尔沁草原有父女二人相依为命，姑娘突然得了一种怪病，神志恍惚，举止失常，几经医治不见起色，老阿爸只得用牛车拉上女儿前往蒙古勒津求医。走到蒙古勒津瑞应寺附近的辉特浩绕村时，车轴突然断裂，女儿病情加重，奄奄一息，老阿爸急得绕车奔走。为了安慰女儿，老阿爸甩着手巾，手舞足蹈地唱起来，歌声蕴含对女儿的深爱和对疾病的无奈。苍凉的歌声深深打动了附近的牧民，大家都情不自禁地赶来，围着勒勒车，随老阿爸身后甩臂跺脚，放声悲歌。不一会儿，少女竟然睁开眼睛，悄然走下牛车，也尾随众人奋力手舞足蹈，待发现她时，她已跳得汗如雨注，病愈如初。这消息不胫而走。以后，人们都仿效这种载歌载舞的方式，为患有类似病症的青年妇女治病，取名"安代"。又在求雨、祭敖包、那达慕大会等群众集会上采用，并广为流传，逐步发展成为自由地表现思想感情的集体舞。

传统安代舞表演场地，中间立一断轴车轮或木杆（意为镇妖避邪之物），参加者不分男女老幼，在场院里几十、上百人不等，自然围圈站立，圈里由两名歌舞能手对歌对舞，众人呼应跺脚、手甩绸布或提衣襟下摆，边随声附和边按逆时针方向踏动起舞。动作以原地踏脚甩绸或向旁轻移、前倾身甩绸立起后向前"小踢步"迈动、边绕圈奔跑边甩绸、连续做"吸腿跳"步并用力向两旁甩绸等为主，舞姿奔放，爽朗明快。

在广袤的草原上曾流行的安代舞有很多种，有"阿达安代"（劝解妇女相思病的）、"乌如嘎安代"（为劝慰因婚后不育致病的妇女而办）、"文安代"（因重病人不能参加的）、"武安代"（病人同大家一起歌舞的）、"大安代""小安代""祈雨安代"等。

新中国成立后，阜新舞蹈工作者通过搜集、整理、改编、创新，使古老的安代舞发展为反映生活、表现时代的新的艺术形式。该舞蹈的形式基本有两种：一种是在广场上自娱性的集体舞；一种是在舞台上表演性的传统的安代舞，没有器乐伴奏，舞者随歌而舞，歌曲节奏鲜明，舞蹈动作简单。传统安代舞由"博"（萨满）主持仪式，歌手和擅长安代舞的男人舞蹈，病人跟随，舞者口中有唱词，手中拿着领舞铃鞭，众人围观，高潮时以"啊哈嗬""合吉耶""奔布来"等衬词呼喊助威，并逐渐由伴歌转向顿足踏舞，参加者随铃鞭的节奏舞动，甩起手中的绸帕、腰带、袍襟等，现在发展成了统一挥舞绸巾。在安代舞的发展过程中蒙古族人民加入了大量的民歌、好来宝、祝赞词。舞与歌，舞蹈与说唱有机地结合为一体，逐步形成了几十种曲目。

20世纪60年代以后，安代舞的发展进入黄金时代，这时的安代舞蹈运动规律，以舞蹈为主，舞蹈动作也由三四个发展到20多个。增加了向前冲跑，翻转跳跃，凌空吸腿、腾空蜷曲、左右旋转、甩绸蹲跺、双臂抡绸等高难动作。舞蹈语汇新颖丰富，具备了稳、准、敏（速度）、洁、轻、柔、健、韵、美、情等审美特征，被各种内容和形式的歌、舞等表演艺术普遍应用，成为比较完善的心理结构式作品的舞台艺术。进入20世纪60年代后，经过广大艺术家的努力，安代舞逐渐由民间艺术发展成舞台艺术。

歌唱是安代舞的主要特征，舞者随歌而舞，演唱时无器乐伴奏。安代舞的音乐风格独特，曲调悠扬婉转，韵味醇厚，有强烈的感染力，便于歌手根据不同情景表达不同的情感。唱词除开场和收场部分因仪式需要基本确定不变之外，其他皆不固定。

近四百年来，安代舞以其浓郁的"民间本色"和"狂放之舞"的特征而备受蒙古族人民喜爱。现在，阜新蒙古族自治县在全县各中小学广泛开展学安代舞、跳安代舞的活动，把它作为继承和发展民族民间传统文化的重要内容。蒙古勒津安代舞也被辽宁省列入非物质文化遗产保护名录，成为辽宁省重要的民族民间舞蹈形式之一。

7 蒙古勒津马头琴音乐

马头琴是蒙古族代表性拉弦乐器，因琴杆上端雕有马头而得名。夏夜，当人们漫步在草原的牧场上，或是城镇的街道旁，一缕悠扬而激越的琴声传来，感人肺腑，沁人心脾，这便是马头琴的乐声。

马头琴不但在中国和世界乐器家族中占有一席之地，而且也是蒙古族民间艺人、牧民家庭所喜欢的乐器，马头琴所演奏的乐曲，具有深沉委婉、激昂奔放的特点，体现了蒙古民族的生产、生活和草原风格。早在公元1206年，中外历史上著名的蒙古族首领、杰出的军事家成吉思汗统一蒙古地区各部落建立蒙古汗国时，马头琴的前身就已在蒙古民族中广泛流传了，不过当时称为胡琴（胡尔）。清乾隆年间，在胡琴原型的基础上，出现了长琴杆插入倒梯形琴箱、双面蒙皮、马尾弦和马尾弓的蒙古族拉弦乐器胡尔。又经过一百余年的流传和实践，到民国初年，蒙古族人民才把胡尔的头饰改为马头、琴箱变为上窄下宽的正梯形。至此，胡尔完成了发展的使命，马头琴则开始了新的历史征程。

马头琴的演奏特点是以指甲从弦侧触弦发音，所以音色清晰、明亮，宜于奏出丰富的泛音，具有鲜明的艺术风格。

2006年5月，蒙古族马头琴音乐经国务院批准列入第一批国家级非物质文化遗产名录。蒙古勒津马头琴艺术家包玉明被辽宁省评为非物质文化遗产蒙古勒津马头琴音乐传承人。

8 阜新诗词

中华诗词是祖国优秀传统文化极其重要的组成部分。1988年12月，原中共阜新市委书记邱新野组织离退休干部中的中华诗词爱好者成立阜新市诗词学会，到 2013 年年末，市诗词学会有 9 个基层学会，会员约 5000 人。全市有 76 人是中华诗词学会会员。

市诗词学会以"弘扬民族文化、振兴中华诗词、立足阜新本土、活跃塞北诗坛"为宗旨，25 年来组织 40 余次采风笔会、七次诗词研讨会、七次诗词大赛，《阜新诗词》出刊 87 期，学会出版诗词集 26 部，基层学会出版诗词集 25 部，会员个人出版诗词集超过百部，发表作品数以万计。"阜新诗词网"创办 5 年，录入诗词作品和评论文章 1.6 万条，点击浏览者达 415 万人次。学诗词、写诗词、吟诵诗词、欣赏诗词，已成为全市城乡群众文化活动的一个亮点。

从 2000 年 3 月起，市诗词学会响应中华诗词学会号召，相继开展"中华诗词进校园、进农村、进机关、进企业、进军营、进社区、进家庭"和创建"诗词之乡"活动，使诗教工作和诗词普及工作取得明显成效。2007 年 9 月，阜新蒙古族自治县于寺镇建成我国北方第一个"诗词之乡"；2008 年 7 月，彰武县教育局被中华诗词学会授予"诗教先进单位"称号；2010 年，彰武县被中华诗词学会授予"诗词之乡"称号；2012 年，细河区、辽宁工程技术大学、阜新蒙古族自治县教

育局同时被中华诗词学会分别授予"诗词之乡"和"诗教先
进单位"称号，为阜新市创建全国"诗词之市"奠定了坚实
基础。

9　彰武农民画

彰武县的一些农民历来有画画的习俗。党的十一届三中全
会以后，彰武的民间艺术创作步入百花盛开的新时代。农民们
用种地的双手拿起画笔，当起农民画家，在艺术领域进行新的
追求。

仅最近十几年，全县创作农民画艺术精品 1000 余件，其
中 600 多件作品参加省以上展览、展销活动，9 件作品被中国
美术馆收藏，30 件作品在俄罗斯展出，25 件作品被选入《辽
宁书画集》等刊物，多幅作品上报纸发表或获奖。还有 20 多
幅作品代表辽宁参加在中国澳门的展出，并走出国门，展销到
英国、波兰、新加坡、阿根廷、乌拉圭等国家，受到国内外专
家的好评。

彰武农民画的发展也促进了剪纸、根雕等民间艺术的繁
荣，剪纸入选辽宁省非物质文化遗产名录。2008 年 12 月，彰
武县被国家文化部授予"中国民间文化艺术之乡"荣誉称号，
这是继 1988 年被授予"中国现代民间绘画画乡"、1999 年被
授予"全国先进文化县"之后，第三次获得的殊荣。

五　自然、人文景观及展馆

　　阜新是具有八千年文明史的地方，又是中国优秀旅游城市；阜新地处华北、长白山、内蒙古三大植物区系交错过渡地带，是游牧文化与农耕文化相互融合的最前端，也是对蒙古族文化传承、保存最完整的地区之一。阜新自然和人文景观充满神秘与神奇。

1　查海遗址

　　查海遗址位于阜新蒙古族自治县沙拉镇查海村，是全国重点文物保护单位。发现于 1982 年，总面积 3 万平方米，1987~1994 年经过 7 次发掘，已发掘面积 8000 平方米。查海遗址距今 7600 年，加树轮校正已超过 8000 年，是北方地区发现的时代最早的新石器时代早期原始村落遗址。

　　查海遗址博物馆建于 1992 年，建筑面积 877 平方米，分为 4 个室内展厅和 1 个全景画厅。

查海遗址已发掘出的 55 座房屋遗址，布局密集，排列有序。在布局上，东西成行，每行二三座，距离最近的仅 0.8 米；在类型上，分大、中、小三种类型，最大的 120 平方米，最小的仅 20 平方米；在建筑方法上，为方形圆角形制，无门道，屋顶开门，半地穴式，直接凿于花岗岩上，深约 80～100 厘米；在使用上，房屋中间设 1～2 个灶址，生活用具、生产工具配套，摆放有序，表现出每个生活、生产单元的相对独立性；在用途上，大型房址居遗址中央，只有少量的生活用器，附设贮藏窖穴和安放物品的深坑，是查海人聚会、议事场所。尤其在第 5 次发掘中揭露出的连体房址，表明当时已出现了原始祭祀活动。发掘出的墓葬 30 余座，分为居室葬和居址葬两种，还有一处公共墓地，随葬品有生产工具、生活用器和精美玉器。

依据这些房址的制式、布局和类型分析，这是一个近千人的聚落，表明查海人有了相对稳定的生活环境。查海遗址，是中华文明的摇篮之一——辽河流域最早的从游猎到定居、由定居形成的原始村落遗址。

查海遗址出土的生产工具，制作方法有打制、磨制和琢制，以打制为主；器形上打制的有束腰石铲、石锄、石

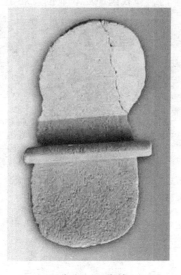

石磨盘、石磨棒

刀、敲砸器等，磨制的有石斧、石磨盘、石磨棒等；用途上分为"春耕、夏锄、秋收、冬加工"四类。

石斧出现于原始农业的最初阶段，用于砍伐树木和平整土地，查海遗址的石斧，质地坚硬，刃部锋利，并带有长期使用造成的崩痕。石铲、石锄也称铲形器，是原始农业的主要生产工具，查海遗址的铲形器有便于捆绑、固定的穿孔，这种复合工具的出现，标志着查海的原始农业生产已发展到一定水平。

查海遗址发掘的30余座窖穴，直径为1~2米，作为辅助性建筑分布在房址周围，类似于"粮仓"。

从出土的猪头骨和鹿骨来看，当时已经有了饲养业。

原始村落、农耕、饲养，表明查海遗址的农业处于相对成熟的原始农业的发展阶段，开创了中国北方地区原始农业的先河，在我国原始农业的发展史上占有十分重要的地位。

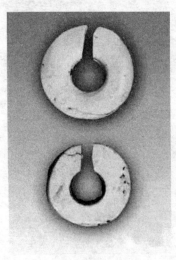

玉玦

1991年，查海遗址被正式列为新的考古学文化——查海文化，其典型代表就是玉文化和龙文化，又称玉·龙文化。

查海遗址出土玉器30多件，分为工具类和装饰类。装饰品有长条匕形器、玉玦（耳环），其中较大的一块玉玦，直径3厘米，制作精美；工具类有玉斧、玉凿、玉锛等，经鉴定全部为透闪石软玉，是目前世界上发现年代最早的真玉器，堪称世界第一玉。查海人对玉的识别已达到相当高的水平，反映出当时农业和畜牧业的发展，使人类初步摆脱了对自然界的依赖，出现了社会分工和社会分化。

查海遗址发掘的陶器最多，色泽上以褐色为主，形制上以筒形器居多，质地上分夹砂褐陶和夹砂红陶两类，纹饰上以"之"字纹居多，纹饰丰富且有规律性。其中有两块"类龙纹"陶片，较大的陶片上刻有龙身和龙尾纹饰，较小的陶片有龙身纹饰，两块都有龙鳞纹饰，具备中国古代龙形象的基本特征，比兽形玉猪龙还早近 3000 年，是更原始的龙雏形，堪称"华夏第一龙"。

在公共墓地和祭祀坑上方，横卧一条由大小均等的红褐色石块堆塑而成的龙，长 19.7 米，宽 1.8～2 米，弯腰弓背，长长的身躯，尾部若隐若现，是我国目前发现的时代最早、体积最大的石堆塑龙。

石堆塑龙

查海文化是红山文化的源头，被称为五千年文明曙光的牛河梁女娲庙就源于这里。从查海遗址的文明起步，到接近早期国家形态特征的红山文化的诞生，经过了 3000 多年的发展历程。因此，我国著名考古学家、北京大学苏秉琦教授为查海遗址题词："玉龙故乡，文明发端"。

2 辽城、辽塔、辽墓

契丹族建立辽国（916～1125 年）后，阜新地区是辽国开发建设的重点地区。据考证，阜新地区有辽代遗存 500 余处，其中辽城 27 座、辽塔 16 座、辽墓百余座，契丹文化在这里得到发展和繁荣。因此，阜新被誉为辽代腹地，契丹摇篮。

阜新地区是辽国重要的后方基地，已确定的头下军州有 9 座，分三种类型：一是横帐（宗室）诸王建立的私城 3 座，即遂州（今彰武县四合城镇大伙房村土城子屯古城址）、顺州（今阜新蒙古族自治县大巴镇杜代营子村五家子屯古城址）、欢州（今大巴镇半截塔村古城址）；二是公主建立的私城 4 座，即徽州（今阜新蒙古族自治县旧庙镇四家子村西古城址）、成州（今阜新蒙古族自治县红帽子镇红帽子村古城址）、懿州（今阜新蒙古族自治县塔营子镇塔营子村古城址）、渭州（今彰武县四堡子乡韩家杖子村沙力沟屯古城址）；三是外戚国舅建立的私城 2 座，即壕州（今四堡子乡兴隆村小南洼屯古城址）、横州（今彰武县苇子沟蒙古族乡土城子村古城址）。

成州和懿州是一对公主姊妹城，分别是辽圣宗二女儿晋国长公主岩母堇、三女儿燕国长公主槊古的私城，后来转化为国家行政州城，是阜新境内较大、保存较好的一对辽城，为辽宁省重点文物保护单位。

懿州城建于辽太平三年（1023），辽道宗懿德皇后、一代才女萧观音便出生于此，后来她将懿州进献给朝廷，转化为行政州，统辖顺安、宁昌二县。现存城墙黄土夯筑，高 1～2.5 米，城墙坍宽 8～10 米，城墙南北 910 米、东西 1010 米。城内有点将台遗址。

在懿州城东南三里处，还有一座辽代的小城遗址。小城建在山坡上，城下是静静的绕阳河。由于河水改道，小城的北墙和西墙已被河水冲毁，现只残存坍塌的东墙和南墙。绕阳河畔高高的黄土断崖中间露出一层残留的黑色土层，这是被黄土掩埋的辽代储藏货物的窖穴遗迹。这座小城叫运粮城，是绕阳河的码头，曾有地道和懿州城相通。辽金元时期，绕阳河航运可直达辽河，南下大海。

成州城坐落在风光秀丽的山间台地上，北面是逶迤的山冈，东临蜿蜒的伊吗图河，城南是茫茫的田野。古城呈长方形，南北城墙长 754 米，东西城墙长 696 米，现城墙遗址平均约高 5 米，黄土夯筑。城墙四角各有角楼一座，每隔大约百米左右设敌楼一座，古城设东、西、南、北四门。四座城门现成豁口，有瓮城痕迹。

阜新辽塔现保存完好的有 3 座。懿州辽塔位于阜新蒙古族自治县塔营子镇，约在 1023～1055 年修建，是八角十三阶密檐式青砖佛塔，为国家级重点文物保护单位，高约 32 米，由塔座、塔身、塔顶三部分组成，是辽宁省现存较完整的辽塔之一。东塔山辽塔位于阜新蒙古族自治县红帽子镇，是八角九级密檐式砖筑空心佛龛塔，为国家级重点文物保护单位，通高35米，建于辽代中晚期。烧锅屯辽塔位于阜新蒙古族自治县十家子镇，为砖筑八角九级密檐式砖塔，建于辽太宗耶律德光会同元年（938），高28米，为省级重点文物保护单位。

塔营子镇懿州辽塔

辽塔装饰性较强，具有鲜明的民族特点，是辽代佛教文化艺术和建筑艺术的典范，是研究北方地区佛教文化发展、民族文化交流和古代建筑艺术的重要依据。

阜新已发掘整理辽墓40多座，分为皇族、后族、贵族和平民四种类型，主要以耶律皇族和萧氏后族为主。从发掘的壁画、陶器、瓷器及其他手工艺品中发现，当时的农业和手工业十分发达，尤其绘画艺术达到较高水平，是研究辽代历史和契丹族生活的百科全书。

在阜新蒙古族自治县卧凤沟乡的辽许王墓中，发掘"辽国许王墓志"一合，采用契丹字与汉字并用阴刻而成，为研究消失近千年的契丹文字提供了珍贵的实物资料。

位于阜新蒙古族自治县大巴镇关山的辽墓是全国重点文物保护单位。关山萧和家族墓，已发掘9座（清理1座），其规模和豪华程度在全国罕见。墓主人萧和曾任主管辽国皇后家族事务的北面官详隐，死后被追封为魏国王。萧和家族先后出了5位皇后、3位王妃、14位宰相，10人封王，在辽代显赫一时。他们或生于阜新，或葬于阜新祖茔，说明当时阜新对帝、后两族的重要性。

辽墓壁画内容大概分为3个方面：一是以逝者生前生活为题材，如萧和墓中13米长墓道、4米高墓门两侧全部绘满壁画，其中的出行图和归来图，生动再现了逝者生前生活场景；二是反映逝者的美好愿望和追求，如彰武县满堂红镇辽墓壁画中，图案只有单一的牡丹花卉，体现了逝者对吉祥富贵、美好生活的向往；三是表现出浓郁的宗教色彩，如萧和墓墓门两侧门神壁画竟高达4.8米，画中人物形象逼真，反映了契丹族宗教信仰的多样性和多变性。这些壁画大气磅礴，简洁古朴，堪称草原画派的杰出代表。

3 海棠山

海棠山位于阜新蒙古族自治县大板镇，总面积12.4平方公里，是国家AAAA级旅游景区、国家级自然保护区、国家级森林公园和辽宁省十佳森林公园，是藏传佛教人文景观与自然生态景观巧妙结合、融为一体的典范，被誉为中国北方文化名山。

海棠山是蒙古语"亥台音兀勒"的音译，相传为释迦牟尼姨母大白伞盖佛母的道场，藏传佛教人文景观众多。

海棠山普安寺，原名大喇嘛洞，为省级重点文物保护单位。始建于清康熙二十二年（1683），历经六世活佛200多年续扩建，鼎盛时占地4.5万平方米，形成以措钦大殿、法相僧院、时轮僧院、密乘僧院、活佛宫为主体，以宝力根寺关公庙、舍利庙、嘛呢庙、迪彦宫、玛尔沁奔巴若护法寺、龙王庙、白塔和转经亭为辅助建筑，共1500多间的大型建筑群，是蒙古勒津地区第二大寺院。

相传康熙东巡时，亲赐普安寺一世活佛巴雅斯古朗一个金案子，故普安寺又称金案禅洞。二世活佛参加过雍正登基大典并受到皇帝接见。四世活佛4次受到嘉庆接见并被赐"莫尔根堪布呼图格图"封号及印章，道光御赐"普安寺"匾额。

在原址按原貌复建的措钦大殿，为藏式木结构回廊式建筑，上下两层，建筑面积968平方米。殿门、殿顶的转法轮及殿内佛像全部为贴金装饰，共用黄金6公斤；主供佛和灵塔上镶嵌的1168颗宝石，均为阜新玛瑙；殿内72根朱红色的柱子，高4.5米，悬挂着手工制作的精美堆绣和唐卡，具有很高的艺术价值。殿内主供大白伞盖佛母像，高9.9米，是目前国内此类室内主供佛中最高的泥塑贴金佛像。

清康熙二十二年（1683），一位张姓活佛率弟子来海棠山传佛，开始在峻峭的天然花岗岩上雕刻摩崖造像。后经历代活佛及信众雕刻，共计摩崖造像 1149 尊。现今保存完好的有 267 尊，最高达 5 米，最矮仅 15 厘米，3 米以上的造像就有 30 多尊。

海棠山摩崖造像

"摩崖"就是在岩石上刻字，海棠山摩崖共有 50 余处，分别用满、藏、蒙、汉四种文字镌刻，内容为箴言、咒文、颂词、记事、镌刻时间、施主和雕刻工匠等。"造像"就是在岩石上雕像，海棠山造像分为两大类，一类是佛教人物造像，分为上层佛教人物和普安寺活佛及经师喇嘛造像；另一类是神佛造像，主要有阿弥陀佛、无量寿佛、药师佛、观音、文殊、度母、金刚和护法神等造像。

摩崖造像自山巅至山间，分布在大小不同的花岗岩上，有单雕，也有群雕，有的 10 尊为 1 组，最多的 1 组有 26 尊，称为"集仙石"。在排列布局上，按照大乘佛教密宗尊神等级排列；在造型艺术上，分别以真实身和忿怒身展现，通过形体美、神情美、衣纹线条的韵律和节奏感传神；在雕刻艺术上，采用阳刻、阴刻以及高、中、低浮雕和龛内浮雕等多种手法，艺术风格独树一帜。

海棠山摩崖造像均以藏传佛教人物和密宗人物为原型，其数量和种类之多在国内外罕见，虽经300多年的风雨侵蚀，仍保持完好，色彩清晰。《人民日报》刊载的文章认为这些摩崖造像"堪称中国民间艺术杰作"，专家学者称为"中国一绝"。

海棠山属医巫闾山北段，东西长4.8公里、南北宽3公里，主峰海拔715.5米，为阜新地区第二高峰。奇松、怪石、摩崖造像并称海棠山"三绝"。

海棠山怪石似人似物，似鸟似兽，情态各异，形象逼真，或遍布峰壑巅坡，或兀立峰顶，或戏逗坡缘，或与松结伴，构成一幅幅天然山石画卷。盘龙石、观音石、济公帽石、蛤蟆爬山石、灵猴守山石、绵羊石、探海石、逍遥石、乌龟石、聚仙石、夹扁石、雄狮回首、鹰展翅……三分形象，七分想象，为游人提供了遐想空间。

海棠山不仅石奇，松更美。山上超过三四百年树龄的古松随处可见，其中生长在海拔460米的峰顶，在巨石缝隙中生长的阴阳松、长寿松、迎客松和卧龙松，为海棠山四大名松。这些奇松由于在悬崖峭壁间无法垂直生长，只能弯弯曲曲甚至朝下生长，针叶短粗，冠平如削，色绿深沉，树干和树枝也极坚韧、极富弹性，树形千姿百态。

海棠山之美，不仅有着让人产生太多联想的人文之美，还有让人惊喜不断的四季之美。摩崖造像、峰峦叠嶂、霞起青山、云落碧水、松韵风涛和红石峡谷六大景点，四季景象各具特色，美不胜收。

4　瑞应寺

瑞应寺，蒙古族人称"葛根苏木"，俗称佛喇嘛寺，位于阜新蒙古自治县佛寺镇，是国家 AAAA 级旅游景区、省级重点文物保护单位。七世活佛察罕殿齐·洛桑义希·成来坚措，是新时期东北及内蒙古东部地区经国家宗教局批准的唯一活佛。

阜新地区自明代就已传入的藏传佛教属格鲁派，又称黄教，是蒙古族普遍信奉的佛教，清中期阜新藏传佛教达到全盛，共建有寺庙 360 多座，仅皇帝御赐匾额的就有 4 座，僧众达 1.5 万人。瑞应寺是典型代表。

相传康熙私访巧遇瑞应寺一世活佛桑丹桑布，康熙非常欣赏他，便拨国帑助其建造寺庙。康熙八年（1669），瑞应寺破土动工，至康熙四十三年（1704）初具规模。其间，桑丹桑布奏请皇上为寺庙赐名，康熙遂赐名"瑞应寺"，并御赐金龙镶边，用满、蒙、藏、汉四种文字雕刻的瑞应寺匾额。

道光年间瑞应寺达到鼎盛，占地 18 平方公里，建有庙宇 97 座，僧舍 1600 多间。以措钦大殿为轴心，五大扎仓、活佛宫、外八庙等殿堂楼阁环绕四周，12 华里长的环寺路上万尊佛像相向而立，形成了错落有序的庞大寺庙群，僧人达 3000 多人，是东北和内蒙古东部地区规模最大的藏传佛教寺院。

瑞应寺七世活佛和措钦大殿

瑞应寺当年设立五大扎仓，各扎仓均有丰富的经典、严格的戒律以及较为完备的学位评定体制，类似于大学里的院系。整座寺院就像一所综合大学，对学习优秀的喇嘛，经过辩经，优胜者被授予相应的学位，培养了大批藏传佛教僧才和蒙古族文化专业人才，对藏传佛教的弘扬和蒙古族文化发展起到了重要作用。

萨尼特扎仓是传授佛教哲理的因明僧院，是由 63 间殿堂组成的二层宫殿式建筑，学习优异的喇嘛被授予茂喇母冉旃巴、都冉巴、噶布楚等学位。

曼巴扎仓即医药僧院，建有 33 间殿堂，学业达到 15 年、能独立行医并通过每 3 年一次考试最终毕业并取得优秀成绩的喇嘛医生，被授予曼冉巴学位（医学博士）；对于精通医术者、成为活佛侍医者，由活佛赐予"道布切"称号。毕业的医僧行医由寺院出资制药，承认其为执业医师。该僧院是内蒙古和东北地区最大的培养蒙医的中心基地，培养蒙医数千人。

阿克巴扎仓即密宗僧院，专门修持佛教密宗，成绩优异者可获得"阿格冉巴"学位。

丁科尔扎仓即时轮僧院，研究天文学，每年编写《历书》发至蒙古勒津各地，预报全年的风雨量及日月食时间等，成绩优异者可获得"第仁巴"学位。

德丹阙凌意为延寿修道之僧院，是一所专修《无量寿经》，为利乐世间众生往生极乐世界延寿的扎仓学府，在这里修行的都是学位高、年寿高的高层喇嘛。

瑞应寺活佛是受当时西藏的活佛转世仪密、在清代理藩院注册的大活佛。瑞应寺管理组织中，最高职位为活佛，下设不同等级的喇嘛27人、毕奇格奇10人。到1942年，瑞应寺先后有六世活佛传承。其中，瑞应寺创始人桑丹桑布被达赖授予"察罕殿齐呼图克图"称号，成为一世活佛，先后12次受到康熙接见，并被其称为"东方蒙古老佛爷"；三世活佛嘎勒桑丹赞朋索克被达赖授予"弘扬佛法大清堪布呼图克图"称号，并建立各扎仓法规，严格瑞应寺管理；四世活佛由理藩院授予"土默特扎萨克大喇嘛查干邸延其呼图克图之印"，享受扎萨克（旗长）待遇，管辖附近17个村屯的旗民和土地。

新时期党的宗教政策恢复以后，瑞应寺按照藏传佛教仪轨，通过银盆选丸，确定刘海龙为六世活佛转世灵童，法号为察罕殿齐·洛桑义希·成来坚措。经国家宗教局批准后，刘海龙于1997年10月9日坐床，成为瑞应寺七世活佛，是新时期东北及内蒙古东部地区唯一由国家宗教局批准认定的活佛。活佛坐床后，先后下达三道指令规范寺庙管理，恢复了早会，实施了十条戒律，完善了组织管理制度。10余年来，七世活佛奉行"爱国爱教，弘法利生"宗旨，广摄化缘，修复了措钦大殿、山门殿等原始建筑，按原址原貌重建了10余座庙宇。

瑞应寺三面环山，卧谷十里，宏伟阔丽的藏式佛教建筑群与瑞应湖等自然景观交相辉映，浑然天成。

在中轴线上，自南至北依次为牌楼、五间山门殿、白塔、钟鼓楼、转经亭、四大天王殿、藏经阁、护法殿、措钦大殿、佛祖殿、长寿塔、九大臣祈愿殿、弥勒佛石像等建筑。

措钦大殿是唯一保存完好的原始建筑，是藏式建筑中的典型代表，与二层大殿共111间，一层是藏式平顶结构，九九见方81间，有64根大圆柱；二层是琉璃瓦宫殿式，有25丈廊檐走廊。殿内主供释迦牟尼佛祖像，佛伞、佛盖、幢幡、唐卡等寺庙装饰物使大殿充满神秘感。

佛祖殿为回廊式单层檐庙宇，主供释迦牟尼12岁等身像，为1.5米高的铜质鎏金佛像。

此外，还有按原址原貌复建的活佛宫、萨尼特扎仓、舍利殿、关公庙和绿度母庙等。活佛宫为七重院落，是活佛饮食起居、处理行政事务和接待外宾的地方；萨尼特扎仓殿内主供13米高的铜铸镀金弥勒佛坐像。

瑞应寺殿宇层叠，金碧辉煌，寺里庙外，佛号声声，幡影飘飘，每天前来参拜和参观者络绎不绝，神秘古刹重现往日辉煌。

5 海州露天矿国家矿山公园

海州露天矿国家矿山公园位于阜新市太平区，总占地28平方公里，是在露天矿遗址上建立的集旅游观光、商务休闲、科普实践、传统教育、工业忆旧、探险体验于一体的现代工业遗产旅游区，是全国工业遗产旅游示范区、新中国第四大地标建筑。

海州露天煤矿于1953年7月1日建成投产，为亚洲最大的露天煤矿。2005年5月30日正式关闭，见证了新中国煤炭工业发展历程，其电镐生产作业画面曾入选1954年B-2邮票和1960版五元人民币图案，中华世纪坛300米甬道上刻有它的诞生日，堪称中国现代煤炭工业的活化石。

露天采矿遗址存有丰富的地质遗迹、古生物遗迹和矿业人文遗迹。如形成于6.5亿年前早白垩纪晚期的煤田系沉积地层，是典型的矿床地质断层，可以清楚地看到煤岩矿脉、矿物、岩石标本、正逆断层和向背斜褶皱等构造遗迹，以及恐龙脚印、花鸟鱼虫化石、硅化木、玛瑙等古生物遗迹；矿坑南帮5处地质灾害遗迹；北帮抗滑桩遗迹；坑底残煤自燃遗迹；水砂充填遗迹本来深埋地下，不为人们所见，因为相邻煤矿越界开采，将该遗迹揭露，成为世界上罕见的独特景观；矿坑北帮储量达上百吨的煤炭断层，可让游人现场体验露天矿开采时采煤、装煤、运煤等生产情景。

海州矿遗址

海州矿关闭后，遗留下地表变形、边帮滑坡、煤炭自燃和矿井水患四大地质灾害，严重威胁城市地质安全和生态环境，并造成大批矿工成建制下岗，由此引发整座城市失业人员骤增、经济迅速衰退等深层次问题。

阜新市作为全国第一个资源型城市经济转型试点市，在探索多元化发展的转型振兴过程中，率先提出了以海州露天矿废弃资源为资源开发现代工业遗产旅游的战略构想。2006年，《阜新市旅游业发展总体规划》编制完成，被国家旅游局主管领导评价为国内第一部以工业遗产为主题的旅游规划，是全国资源枯竭型城市旅游规划的典范。

2005年，海州矿被国土资源部列为首批28家国家矿山公园之一，并于2009年7月27日正式开园。2008年，在"阜新工业遗产利用与资源枯竭城市转型高峰论坛"上，与会专家对阜新保护利用工业遗产、破解经济转型难题的经验给予了充分肯定。

矿山公园的开发建设，既保护传承了百余年矿山文化，初步治理了地质灾害和环境污染，又为下岗矿工提供了重新就业的机会，为全国百余座资源枯竭型城市提供了借鉴。2009年2月1日，国家旅游局批准海州露天矿国家矿山公园为全国首家工业遗产旅游示范区。在"大国印记：1949～2009中国60大地标"评选活动中，矿山公园被评选为第四大地标建筑。

矿山公园分为四大板块上百个景点，全方位、立体式展现了矿山历史与矿业文化、高端休闲与大众娱乐、现代元素与怀旧情结相互融合的工业遗产旅游魅力。

一是工业遗产核心区，包括主题公园和采矿遗址两部分。主题公园总占地20万平方米，其中正门高5.3米、宽24米，寓意海州矿53年间共生产煤炭2.4亿吨；文化广场直径175米，寓意矿坑地表标高分别为+175米和-175米，展有电镐、蒸汽机车、电机车、潜孔钻、推土犁五大露天采矿标志性机械设备；博物馆分为煤炭科普馆和矿史博物馆，是阜新第一座大型地质矿山博物馆；刻有"海州矿精神永存"的纪念碑，寓意海州矿精神将被一代又一代人发扬光大。

露天采矿遗址东西长4公里、南北宽2公里、垂深350米，是中国大陆最低点，堪称世界最大的人工废弃规则煤矿坑，置身其中会产生巨大的视觉震撼和心灵震撼。2007年中央电视台《小崔说事》栏目，曾在86站休闲广场进行拍摄。

二是蒸汽机车观光线和博物馆。2011年，利用15公里的蒸汽机车运输线，开通了"朱德号"蒸汽机车旅游专列。拟建的蒸汽机车博物馆将展示60多辆产自世界各地的蒸汽机车车头，其中有毛泽东乘坐过的，也有慈禧太后剪过彩的。

三是孙家湾国际工业遗产旅游度假区。孙家湾万人坑是国家重点文物保护单位、省级旅游示范点。按照《孙家湾国际工业遗产旅游度假区规划》，以五星级酒店为核心，以商城、园林、小区等为依托，打造阜新南部城市休闲区。万利豪酒店等项目已开工。

四是矸石山体育主题公园。占地14.8平方公里的矸石山，是海州露天矿外排土场，堆积矸石8.7亿立方米，是我国最大的单体土地复垦项目，已成为人工大草原、体育主题公园。

6 阜新万人坑纪念馆

阜新万人坑遗址位于阜新市太平区孙家湾南山，形成于1936～1945年，占地56万平方米，埋葬死难矿工7万人，是日本帝国主义掠夺我国煤炭资源、残酷奴役中国人留下的历史遗迹，是日本侵略中国的重要罪证之一。

阜新地区蕴藏着丰富的煤炭资源，日本帝国主义在侵华期间，为掠夺煤炭资源，支持所谓的"大东亚圣战"，于1936年10月1日成立满洲炭矿株式会社阜新矿业所，从河北、山东等地大量招劳工，先后在阜新的7个煤矿建起47处中小型露天矿和斜井，年产量450万吨。在生产上实行野蛮落后的"人肉开采"政策，冒顶、透水、瓦斯爆炸等事故不断，吞噬无数矿工生命；在经济上，通过把头对矿工进行敲骨吸髓的剥削，使大批矿工未老先衰，英年早逝；在政治上采取高压政策，随意打骂、虐杀中国矿工，加上卫生条件差，瘟疫流行，死者甚多。仅 1936～1945 年近 10 年，日本就从阜新掠走煤炭 2500 多万吨，占伪满同期产量的 12.4%，造成 6.8 万名矿工死亡。

为埋葬日益增多的死难矿工，日本侵略者先后在阜新地区设立四大满炭墓地。其中，新邱兴隆沟墓地始建于 1939 年 8 月，购地 324 万平方米，原为建井采煤，后划出 5 万多平方米为墓地；城南墓地始建于 1939 年 11 月，购地 420 万平方米，从中划出一部分为墓地；孙家湾墓地始建于 1940 年 8 月，占地 56 万平方米；五龙南沟墓地始建于 1940 年 11 月，占地 18 万平方米。由于各处墓地埋葬死难矿工均以万计，故称万人坑。

四处万人坑中，只有孙家湾万人坑完整地保存下来，是东北地区保存最完整、规模最大的万人坑。

阜新万人坑死难矿工纪念馆位于太平区孙家湾街道，始建于 1968 年，最初定名阜新矿务局阶级教育展览馆，后改称阜新万人坑死难矿工纪念馆。建筑面积 1505 平方米，建有死难矿工遗骨馆、抗暴青工遗骨馆、百骨厅等，是全国唯一一座保存最完好、规模最大、最形象的大型死难矿工群葬遗址。现为全国重点文物保护单位、全国爱国主义教育示范基地、辽宁省国防教育基地和辽宁省红色旅游景点。

死难矿工遗骨馆，也叫西馆。分南、北两坑，间距 22 米。其中，南坑长 11.1 米、宽 3.5 米、深不及 1 米，埋尸 52 具，分双行将尸体下肢交叉相压；北坑长 13 米、宽 3.5 米、深约 1

米，埋尸58具，单层平放。露出的尸骨中或肢体残缺，或骨折，或颅骨穿洞，其中有一处尸骨，两臂撑地，双腿后蹬，上身挺起，头微扬，呈前爬之势，显然是被活埋者。

抗暴青工遗骨馆，也叫东馆。墓坑长16米、宽2米、深不足1米，共摆放137具遗骨，是被关押在日本警备队"思想矫正院"的有反满抗日思想的青壮年，因参加震惊日伪当局的新邱下菜园子大暴动而被集体屠杀。尸身分5组，有的单层摆放，有的摆放5层，发掘后露出尸骨或仅外露头骨的共83具。

在东、西两馆之间，建有7个死难矿工单人典型馆和1个聚敛散落矿工遗骨的百骨厅。除百骨厅外，全部就原址原葬形态保存下来。此外，还建有一座大型图片展览馆。

前事不忘，后事之师。阜新万人坑死难矿工纪念馆自建馆以来，接待全国各地观众近400万人次，教育了一代又一代人勿忘国耻，振兴中华。

7 大清沟

大清沟国家级自然保护区是一处保存完好的古代残遗森林植物群落，总面积12.5万亩，由东、西双沟组成。东大清沟是一条南北走向的绿色深谷，源头在内蒙古通辽市科尔沁左翼后旗，南流15.6公里进入辽宁省阜新市彰武县大冷镇，全长27.2公里，沟深达50米，底宽50～150米，顶宽200～800米。

　　辽宁阜新大清沟风景区位于彰武县大冷镇,是国家 AAA 级旅游景区,地处章古台国家级自然保护区内。大清沟水库建于 1958 年,南北长 5.4 公里、东西宽 0.4 公里,占地 6.29 平方公里,总库容量 1025 万立方米,是集皇家牧场的贵气、沙地湖泊的灵气、万亩松林的霸气于一体的沙地自然生态旅游区。

大清沟

　　大清沟南依松辽平原,东、西、北被号称"八百里瀚海"的科尔沁沙地包围,集山、水、沙、林于一体,被誉为沙海明珠。

　　大清沟在清代属于养息牧场辖地,养息牧场是清代关外三大皇家牧场之一,专门为关外"三陵"提供祭祀用品。这种牧政制度一直延续到光绪二十八年(1902)设置彰武县,历经 257 年。牧场上林草丰茂,泡沼棋布,气候宜人,宜农宜

牧，是盛京的后花园。康熙、乾隆、嘉庆、道光四位皇帝都曾
到养息牧场视察和狩猎。康熙、乾隆都留有诗篇。康熙的
《柳条边望月》写道：

> 雨过高天霁晚虹，关山迢递月明中。春风寂寂吹扬
> 柳，摇曳寒光度远空。

乾隆作《养息牧阅马诗》：

> 垌场亘沈野，刍牧接辽渍。养息良驹盛，调闲众围分。
> 三千突騋牝，五色耀卿云。骤如波铺地，看似锦叠文。

祖孙二人一地题诗，传为佳话。

大清沟地处章古台国家级自然保护区的核心区。章古台国
家级自然保护区总面积 1.02 万公顷，森林覆盖率达 67% 以
上，是自 20 世纪 50 年代以来，一代又一代固沙造林人，在百
米沙层上建立起来的一道绿色屏障，有力地遏制了科尔沁沙的
南侵。这里培育的 2 个耐干旱树种就以彰武命名，即彰武松和
彰武小叶钻，并被推广到全国防风治沙第一线。固沙科教片
《绿色的梦》、电视片《绿色的呼唤》、电视连续剧《大漠风
流》以及纪录片《绿色长城》（收入《世界之最》电视系列
片）等先后以此为原型拍摄。

大清沟的万亩松林仿佛一颗绿色宝石，镶嵌在金色的沙海
之中，形成人工与自然、植被与沙地的巧妙结合，见证着彰武

人民创造的防风治沙、改善生态的大漠风流精神，吸引了全世界的目光。

大清沟有 2000 多处泉眼，从南到北长达 3 公里。按照泉水颜色、形状和位置等特点，分别称为青龙泉、沙海泉、镐头泉、虎泉、程沟泉、榆树泉、枫树泉、母子泉等。在泉水润泽下，大清沟生长着 700 多种植物，仅木本植物就有近百种，林间有飞禽走兽，还有许多生长在沙地中的珍贵中草药。

大清沟东岸是 1500 亩硅沙浴场，白色的沙滩，沙质洁净细腻，含有多种矿物质，每逢夏季，游人将裸露腰腿埋于沙滩中，一边欣赏湖光山色，一边治疗腰疼腿痛。连绵的沙丘、荡漾的碧波、广袤的草原、罕见的沙丘动植物构成了独特的沙湖林海景观。

大清沟地处辽宁省和内蒙古自治区交界地带，与库仑旗和科左后旗接壤，立有两省（区）三县（旗）界碑，是蒙汉混居地区，民风朴实，具有独特的民俗民风。马架房、土板墙、粉沙筑坝坝不倒、原始森林冬天有青草、大旱不干、大涝不淹、乌鸦不筑巢、青蛙不会叫"八大怪"现象，为大清沟蒙上了一层神秘面纱。

马架房是东北蒙古族住宅中主要的房屋结构，在山墙开门窗，形如马鞍，故称马架房。土板墙就是在两侧用木板固定，中部用土夯筑。由于大清沟是沙地，没有石头，农民建房、垒墙全部用土夯筑而成。马架房和土板墙如今已难觅踪迹。

水库大坝在建设时，全部就地取材用粉沙夯筑，堪称世界奇迹。其原理很简单，就是筑坝时，在大坝下游修筑一道倒滤坝，湖水经大坝渗出，再经倒滤坝流出，而粉沙被倒滤坝拦住。

由于万道清泉长年累月从地下涌出，水温约 10℃ 左右，在泉水周围形成一个小气候，使溪边小草在寒冬季节也能生长，四季常青。

湖水来自源源不断的地下泉水，不单纯是雨水聚成，加之沙地渗水能力强。所以，干旱和洪涝对大清沟水位的影响不大，素有大旱不干、大涝不淹之说。

相传很久以前，女魔尼古勒觊觎菊丽玛女神掌管的大清沟草原，却最终被女神打败，尼古勒化作乌鸦逃跑。此后，乌鸦再到这里时只是在天空盘旋，不敢下来筑巢，因此便有了乌鸦不筑巢的传说。

大清沟青蛙很多，但都不会叫。相传，努尔哈赤率兵路过大清沟，夜间被青蛙叫声吵醒，便大声怒吼："你们这些小东西不许叫唤！"结果把青蛙的鸣叫系统震破了。其实，经解剖得知，这里青蛙的鸣叫器已经退化，为什么退化却不得而知。

大清沟水清、沟深、藻类繁多，为鱼类繁殖提供了良好的自然条件，盛产 40 多种鱼类。清沟全鱼宴是阜新十佳美食之一，鱼嫩汤鲜，口味纯正。

乘船剪浪饱览两岸风光、畅游原始森林、享受硅沙日光浴、赛马穿越沙漠、欣赏蒙古族风情、品味清沟全鱼宴、戏碧水滑银沙、草原篝火狂欢，令人魂牵梦萦，流连忘返。

8 温泉旅游新城

温泉旅游新城位于阜新蒙古族自治县东梁镇，是依托佛、山、泉、湖特色资源，将藏传佛教密宗禅修与碳酸氢钠疗养矿泉有机融合，集禅修养心、温泉养身、民俗体验、休闲娱乐、商务会议于一体的主题文化温泉旅游度假区，是省级现代服务业集聚区。

经权威部门检测，阜新地热温泉属优质碳酸氢钠泉，被国内外专家认定为，"实属罕见，中国一流、泉中极品"。阜新西起清河门区，东至新邱区，在 215 平方公里的范围内均有地热资源，可采年限达百年。现有 9 口地热出水井，日出水量 1.2 万立方米，平均出水温度 71℃。

温泉旅游新城占地 60 平方公里，分 4 期开发。占地 8 平方公里的一期工程已全面开工建设，累计入园项目 15 个，总投资 200 亿元。天水谷温泉度假村已正式营业，占地 367 亩，总建筑面积 1.7 万平方米。建有各类客房 93 间（套），其中复式温泉豪华套房 6 套，温泉大床房 28 间，温泉标准间 59 间；风格各异的露天温泉泡池 50 多个，室内国际标准温泉游泳池 1 个，室外温泉嬉水池 1 个，小型迷你温泉别墅 6 座，经营用大型温泉别墅 3 幢；可容纳 400 人的大型会议室 1 个，小型会议室 4 个；可满足 300 人同时就餐的中餐厅和西餐厅各 1 个，高级餐饮包房 3 个。健身房、医务室、商务中心、咖啡厅、洗衣房等辅助服务设施齐全。

　　碳酸氢钠泉，又称小苏达泉，民间称为送子观音水，阜新地热温泉是辽宁省唯一的碳酸氢钠疗养矿泉。国家 AAAA 级旅游景区瑞应寺、葛根苏木旅游度假区均位于新城规划区内。阜新又是中国玛瑙之都。泡温泉、拜活佛、喝羊汤、选玛瑙、体验蒙古族风情，已成为吸引游人的显著特色。

六 现代风貌

　　阜新市是新中国成立后迅速崛起的重要能源基地，为社会主义建设做出了重要贡献。党的十一届三中全会以后，阜新市在改革开放的道路上顽强拼搏向前，经济社会进入一个新的发展时期。进入 21 世纪，阜新作为全国第一个资源型经济转型试点市，担负起探索符合中国国情的资源枯竭型城市经济转型路子的历史重任。

1 新中国重要能源基地

　　1949 年 1 月 1 日，辽沈战役的硝烟刚刚散去，阜新矿山依然是百孔千疮。为了尽快恢复生产，支援全国解放，经中共中央东北局决定，成立阜新矿务局、阜新煤矿党委，任命原哈尔滨市委书记钟子云为局长、煤矿党委书记。当时煤矿党委为地级，领导县级阜新市委。

　　钟子云来到阜新后，立即带领矿委一班人，组织领导全局

干部职工和全市人民，医治战争创伤，经过很短一段时间的
"度荒、护矿、备战、支前"，很快转入恢复生产。根据矿区
基础设施屡遭敌伪破坏，生产技术又极为落后的具体情况，他
提出在抓好基础管理、实现全面恢复的前提下，抓紧改革生产
技术，推行长壁式采煤和机械化采煤的新法采煤方针。紧接
着，他又组织干部职工开展了海州露天和平安竖井、新邱竖井
等新井建设的前期准备工作，使阜新矿区成为全省生产恢复最
快、建设起步最早的矿区之一。钟子云还创办了干部学校、煤
矿专科学校和高等技术职业学校，有计划地培养造就了一大批
忠于祖国煤炭事业的新生力量。到1952年年底，阜新胜利地
完成了三年恢复经济的艰巨任务，为第一个五年计划时期的经
济建设奠定了基础。

1952年2月，中共辽西省委决定将阜新矿委改为阜新市
委（地级），钟子云改任市委书记。4个月后，钟子云调任
北京矿业学院副院长，后任国家煤炭工业部副部长、党组副
书记。

1953年开始的我国第一个五年计划共有156个重点项目，
其中海州露天煤矿、阜新发电厂、平安竖井、新邱竖井建设4
个项目落户阜新。

在1954年全国发行的面值800元的邮票上，是一个电铲
装车的场面，右上方清晰地印有"阜新露天煤矿"六个大字。
1962年发行的第三套人民币五元券的背面是一个电铲装车的
矿景素描画，它也取景于阜新矿务局海州露天煤矿。

1951年1月1日，海州露天煤矿开始建设。全矿干部、技

第三套人民币五元券

术人员和工人一起以高度的责任感和主人翁精神，克服困难，艰苦奋斗，在苏联专家的帮助下，于 1953 年 7 月 1 日，将新中国第一座现代化的大露天煤矿正式建成，它被列为国家新兴骨干企业之一。移交生产时的海州露天煤矿其规模之大，位居亚洲第一、世界第二。

　　海州露天煤矿投产后到 2005 年 5 月 31 日由于资源枯竭实施政策性破产，共为国家生产煤炭 2.4 亿吨，为国家上缴利税 33.5 亿元，与建矿总投资 3.1 亿元相比，等于再建了 10 个相同规模的大型露天煤矿，还为全国培养输送露天煤矿管理的各方面人才 3840 多人。海州矿人"爱露天、做主人，争一流、创水平，挑重担、做贡献"的海州精神，已经成为阜新乃至全国煤炭系统的宝贵精神财富。

　　1952 年 9 月 21 日，中央人民政府主席毛泽东给阜新发电厂工程队发来嘉勉电："九月十七日电悉。庆祝你们在透平发电机安装工作中获得的成就。望继续努力学习苏联先进经验，发扬积极性，在今后的建设工作中取得更大的成绩。"

《东北日报》的报道

1949 年 7 月，已经没有一台发电机的阜新发电所在原厂房安装 1 台从长春拆迁来的容量 1.4 万千瓦的汽轮发电机，12 月 28 日投产发电。1950 年 1 月定名为阜新发电厂。

"一五"时期，阜新发电厂恢复建设工程最终容量为 15 万千瓦，共有 4 台发电机组。1952 年 1 月 2 日，阜新发电厂工程队正式进行施工。9 月 17 日，1 号汽轮发电机及 1 号锅炉安装完毕，比原计划提前一个半月，质量符合标准，为国家节省资金 60 万元。

毛主席为新中国第一台具有工业抽汽供热的透平发电机安装成功发来的嘉勉电，标志着新中国电力工业迈出了可喜、坚实的一步。在毛主席嘉勉电的鼓舞下，到 1961 年，阜新发电厂装机容量已达 57.4 万千瓦，成为当时亚洲最大的火力发电厂。

1965 年 7 月 19 日，国务院第 157 次会议任命一年前来厂参加社会主义教育运动的原东北电业管理局副总工程师、37 岁的李鹏为阜新发电厂厂长。李鹏在全国电力系统率先实行改革，取得显著成效。1966 年 7 月，李鹏调到北京工作，后任党和国家领导人。

1957 年 6 月 22 日，新中国第一对百万吨竖井——平安竖井（五龙煤矿）移交生产，新邱竖井（兴隆煤矿）也于 1958 年 9 月 1 日正式移交生产。

"一五"时期这 4 个国家重点项目的建成投产，奠定了阜新作为新中国重要能源基地的经济地位；百里矿山百里城，阜新成为以煤电产业为主导的新兴工业城市，被誉为"煤电之城"。

2　在改革开放中经济社会全面发展

民以食为天，土地是农民的命根子。阜新与内蒙古科尔沁沙地接壤，十年九旱，土壤贫瘠，亩产不足百公斤。由于长期以来受"左"的错误干扰，生态环境遭到破坏，水土流失严重，风沙肆虐，资源得不到开发。人才的匮乏，导致科技的落后，年复一年地沿袭着老祖宗传下来的种地方法，广种薄收。阜新市所辖的阜新蒙古族自治县和彰武县长期是省级贫困县。

1978 年 12 月党的十一届三中全会以后，阜新市改变了人民公社政治经济合一的体制，1982 年春天开始发展家庭联产承包责任制，促进了生产力的迅速发展。1983 年，全市农民人均收入由 1978 年的 61 元增加到 268 元，相当于 1978 年的 4.4 倍。1987 年，阜新蒙古族自治县被国家农牧渔业部列为细毛羊生产基地县，阜、彰两县被国家农牧渔业部评为全国商品牛基地建设先进县。

早在 20 世纪 50 年代，辽宁省固沙造林研究所就在彰武县章古台的茫茫大漠里进行固沙造林科学实验，经过几十年艰苦奋斗，取得举世瞩目的成就。

　　1964 年，国务院副总理谭震林委派国务院政研室石山率调查组来阜新蒙古族自治县帮助总结了七家子公社毛岭沟的封山育林经验、蜘蛛山公社塔子沟的河边造林防风固沙经验、招束沟公社拉各拉的治理坡耕地防治水土流失的经验，即"三沟经验"。之后，阜新市涌现出了"三沟经验"的综合样板——阜新蒙古族自治县他本扎兰公社白玉都大队山水林田路综合治理的生态建设经验。这个经验被推广到辽西乃至全国。

　　改革开放以后，阜新市大力弘扬以刘斌、韩树堂等为代表的辽宁省固沙造林研究所的"大漠风流精神"、以崔景明、包清福、欧力玛等为代表的三沟人的"三沟精神"，确立"生态立市"的战略思想，加强生态建设，使全市农村经济驶入了全面、协调、可持续发展的快车道。李庆文，辽宁省农业科学院副院长、研究员，全国优秀专家，在 1988 年 7 月至 1995 年 4 月任阜新市科技副市长期间，带领省农科院的科技人员，在总结"三沟经验"的基础上，在阜新蒙古族自治县大力推广以旱田作业农业技术为主要内容的经验，使农业生产连年获得大丰收。过去阜新每年都要吃返销粮 1 亿公斤，1990 年阜新市农民首次实现了粮食自给。同一年，国务院把阜新蒙古族自治县、彰武县正式列为辽河三角洲商品粮基地县。1990 年，彰武县被国家林业部评为平原绿化先进单位。畜牧业、乡镇企业、庭园经济构成阜新农村三大支柱产业。1996 年，阜新市、阜新蒙古族自治县分别被国务院授予全国粮食生产先进市、全国粮食生产先进县称号。阜新蒙古族自治县成为全国农业百强县之一。

包清福

1992 年 8 月 8 日，阜新经济技术开发区成立。1994 年 8 月 26 日，升级为省级开发区。2005 年，开发区顺利通过国家审核验收，正式更名为辽宁省阜新经济技术开发区。开发区为阜新市招商引资构建起良好的平台，阜新市招商引资也取得突破性的进展。

2000 年，阜新市筹建国家农业科技园区。2001 年 9 月 3 日，国家科技部已正式批准为辽宁阜新国家农业科技园区，是全国首批 21 个国家级农业科技园区之一，也是辽宁省唯一一家国家级农业园区，先后被国家农业部批准为第一批全国农产品加工业示范基地和国家级农业标准化示范区。

在阜新火车站的广场前面，有一位英姿飒爽的女运动员的雕像，不管春夏秋冬，无论阴晴云雨，她总是在那里摆动双臂，昂首阔步。她是阜新作为中国"田径之乡"的象征。20世纪80年代中后期，在王魁等教练指导下，阜新一批优秀的竞走运动员脱颖而出，多次在国际、国内重大的比赛中取得优异的成绩，阜新也成功地承办了几次全国大型竞走比赛。鉴于阜新运动员张阜新创造的优秀成绩，他被国家体育总局选入国家竞走队，担任女子竞走主教练。1987年1月12日，中共阜新市委决定把"脚踏实地走路，顽强拼搏向前"的竞走精神作为阜新精神。阜新精神鼓舞阜新人民在改革开放的大道上顽强拼搏向前，不断夺取新的胜利。

1996年，阜新市被国家体委命名为首批篮球城。

3　全国第一个资源枯竭型城市经济转型试点市

阜新因煤而兴，也因煤而衰。经过几十年开采乃至集中会战挖掘，到20世纪80年代中后期，全市煤炭资源渐趋枯竭，部分煤矿和矿井关闭停产。"先有矿，后有城"，造成了阜新产业结构单一的局面，阜新的一切都是为煤和电服务的。市区78万人口中一半多是矿工及其家属。到2001年，阜新几大资源枯竭煤矿相继破产。一时间全市下岗失业人员达15.6万人，城镇人口登记失业率为7%，居全省之首。城市月收入低于当时最低生活保障线的特困居民17.8万人，占城市人口近1/4。同时，阜新采煤沉陷区面积达101平方公里，涉及居民2.8万户约 10 万人口。

　　阜新，陷入了"矿竭城衰"的困境。

　　在党中央、国务院，省委、省政府的亲切关怀和大力支持下，经过几届市委、市政府领导班子的积极努力，2001 年 12 月，国务院确定阜新为全国第一个资源枯竭型城市经济转型试点市。此后，阜新开始了具有中国特色的资源型城市转型之路的艰难探索。到 2011 年，转型十年，阜新不但走出了"矿竭城衰"的困境，更夯实了跨越发展的基础，转型试点取得了重要阶段性成果。

　　国民经济实现历史性跨越。国民经济结束了"九五"时期低速徘徊局面，地区生产总值由 2001 年的 70 亿元上升到 2011 年的 480.3 亿元，增长了 5.9 倍，年均增长 16%；人均生产总值由 3697 元增加到 26480 元，年均增长 16.4%。地方财政一般预算收入由 4.5 亿元增加到 50.1 亿元，翻了三番半，年均增长 27.1%。

　　接续替代产业框架基本形成。"三大基地"（食品及农产品加工供应基地、新型能源基地、煤化工基地）和"六个重点产业集群"（液压、氟化工、皮革、铸造、板材家居、新型材料）建设扎实推进，以煤电为主的单一产业结构得到调整，能源工业、装备制造业、食品及农产品加工业占全市规模以上工业比重分别达到 41.7%、20.1% 和 20.1%。煤化工、液压、氟化工、能源、皮革、食品、铸造、板材家居、新型材料、玛瑙十大产业集群并起，多元化工业经济结构基本形成。第二产业占国民经济的比重提高了 6.5 个百分点，三次产业结构呈现二三一格局。

风电

经济可持续发展能力明显增强。阜新固定资产投资由29.2亿元增加到390.9亿元（新口径），10年累计完成1513亿元，年均增长28.8%；实施投资千万元以上项目3000多个，全市规模以上企业达到450户，销售收入超亿元企业达到85户，综合实力和发展后劲明显增强。经济发展方式有较大转变，循环经济取得新进展，阜新被列为国家循环经济试点市和循环农业示范市。

体制机制创新迈出重要步伐。转型十年，阜新累计完成350户国有企业的产权制度改革，占全部应改制国企的90%以上。商贸流通、粮食、公用事业、财政金融、行政管理体制和集体林权制度改革全面推进。民营经济占全市经济的比重由27%上升到62%。成功加入沈阳经济区和辽宁蒙东"九市一盟"共同体，区域合作进一步加强。招商引资到位额、直接利用外资额和出口创汇额年均分别增长 30%、27.9% 和 29.9%。

转型以来，阜新的城乡面貌发生显著变化。积极实施市中心区、阜新蒙古族自治县城、新邱区"三位一体"发展战略，拓展了城市发展空间。实施了玉龙新城、沈彰新城、现代皮革新城、温泉旅游新城和蒙古贞新城建设。积极争取国家和省的支持，优化全市公路和铁路建设布局。确立了阜新在东北、华北、内蒙古东部地区的交通优势。实现了乡乡通油路和村村通油路。全市城镇化率达到 52.5%。

2002 年 6 月，阜新采煤沉陷区治理工程开工建设。经过 6 年努力，阜新在全国 72 个采煤沉陷治理城市中率先完成一期治理任务。2005 年正式启动的阜新棚户区改造工程已使 11 万户居民受益。转型十年，城市居民人均居住面积由 7.6 平方米提高到 22.5 平方米。昔日低矮、破旧、肮脏、杂乱的棚户区不见了，现在的市区，到处是高楼林立，车水马龙。

阜新市采煤沉陷区治理工程和棚户区改造工程，已成为屹立在阜新大地上的一座巍峨的德政丰碑，而党中央、国务院的关怀，省委、省政府的支持，则为这座丰碑筑就了坚实的基石。

转型以来，阜新始终把改善生态环境放在重要位置来抓，到 2011 年，累计人工造林和封山育林 718 万亩，超过"九五"前全市有林地面积的总和，森林覆盖率由"九五"期期末的 21.7% 上升到 32.29%。积极创建"生态园林城市"。实施了细河城市段治理工程，使昔日的"臭水沟"再现碧水清波，两岸绿树成荫，鸟语花香，游人流连忘返。加强了环城水系建设，玉龙湖开发和九营子河、高林台河治理工程开工。积极组织城市绿化战役，城市绿化覆盖率达到 40.2%。大力推进节能减排工作，城市环境空气质量达到国家二级标准天数由 144 天增加到 337 天。全市生态环境呈现出整体改善、局部优化的良好局面。阜新市晋升为省级"园林城市"。

转型十年，人民群众生活水平不断提高。阜新累计实现实名制就业 67 万人次，城镇登记失业率由 7% 下降到 3.9%。18.5 万名城乡困难群众享受最低生活保障。城市居民人均可支配收入由 4327 元增加到 14994 元，农村居民人均纯收入由 1123 元增加到 7615 元，年均分别增长 13.2% 和 21.1%，高于全国和全省平均增幅。

转型十年，阜新取得了重要阶段性成果，但经济总量小仍然是阜新转型发展面临的最大问题。进入 2013 年以后，中共阜新市委、阜新市人民政府把"尽快做大总量、努力提高质量"作为核心任务来抓，坚持改革创新，推动突破发展。全面实施新一轮突破阜新战略，不断提升经济实力和综合竞争力，把转型振兴提升到新高度。阜新大力开展招商引资和项目建设，发展壮大骨干企业，全力抓好十大产业集群建设，促进工业经济不断做大做强；切实加快服务业集聚区建设，不断优化房地产开发结构，提高服务业发展质量；大力推进沈阜 200 万亩现代农业示范带建设，加强政策引导，加大投入力度，努力把示范带建设成为全省乃至全国一流的产业带、生态带、致富带。

阜新，正在经济转型中走向振兴。

参考文献

阜新市人民政府地方志办公室编《阜新市志》（第一卷），中国统计出版社，1991。

《阜新市少数民族志》编纂委员会编《阜新市少数民族志》，辽宁民族出版社，2010。

阜新市人民政府地方志办公室编《阜新年鉴》（2013），中国文史出版社，2013。

张万勒主编《魅力阜新》，辽宁人民出版社，2009。

衣学泰、王紫晨主编《阜新故事》，沈阳出版社，2012。

刘国友：《阜新通史》，吉林大学出版社，2006。

阎奎平主编《烽火三年》，辽宁教育出版社，1988。

后 记

　　《阜新史话》一书，是《中国史话》系列丛书，由阜新市社会科学界联合会在社会科学文献出版社指导下组织编写。全书由阜新市社会科学界联合会主席张海鹰和原阜新市人民政府地方志办公室副主任王紫晨，按照社会科学文献出版社的要求设计提纲，由王紫晨，阜新市旅游局副局长韩丽杰，阜新市艺术创作研究室主任、研究员张可娟撰稿，其中第一章市情概览、第二章历史沿革、第三章史海钩沉、第六章现代风貌由王紫晨撰稿；第四章地方文化由张可娟撰稿；第五章自然、人文景观及展馆由韩丽杰撰稿。阜新市社会科学界联合会名誉主席、阜新高等专科学校教授艾荫范审阅了全部书稿，并提出修改意见。书稿征求了潘志旻、王金瑛、李墨、暴风雨、张志勇、胡健、石金民、石俊儒、汤福忱、李志文、何立明等专家学者的意见，最后由王紫晨统一修改，张海鹰审定。

　　编写《阜新史话》，得到中共阜新市委、市人民政府领导的高度重视。市委书记张铁民亲自任编委会主任，并为《阜

新史话》一书作序；市委副书记、市长杨忠林，市委副书记
王东秀，市委常委、宣传部部长张本刚审阅了书稿，给予具体
指导。市委办公室、市委宣传部、市史志办公室、市民族事务
委员会、市文化广电新闻出版局、市旅游局、市档案局等部门
密切协作；中国社会科学文献出版社领导和编辑鼎力支持，为
本书的编写和顺利出版创造了方便条件。在此，一并表示由衷
的感谢！

　　编写《阜新史话》，是一项思想性、科学性、知识性很强
的工作。由于我们水平有限，疏漏错误之处在所难免，恳请广
大读者不吝赐教。

编　者
2014 年 9 月

图书在版编目（CIP）数据

阜新史话/张海鹰主编. —北京：社会科学文献出版社，
2014. 12
（中国史话）
ISBN 978 - 7 - 5097 - 6481 - 7

Ⅰ. ①阜… Ⅱ. ①张… Ⅲ. ①阜新市 - 地方史
Ⅳ. ①K293. 13

中国版本图书馆 CIP 数据核字（2014）第 216073 号

"十二五"国家重点图书出版规划项目

中国史话·社会系列
阜新史话

主　编／张海鹰

出 版 人／谢寿光
项目统筹／宋月华　谢　安　　责任编辑／周志宽　王桂环

出　　　版／社会科学文献出版社·史话编辑部（010）59367215
　　　　　　地址：北京市北三环中路甲 29 号院华龙大厦　邮编：100029
　　　　　　网址：www. ssap. com. cn
发　　　行／定制出版中心（010）59366509　59366498
　　　　　　市场营销中心（010）59367081　59367090
　　　　　　读者服务中心（010）59367028

印　　装／北京鹏润伟业印刷有限公司
规　　格／开 本：889mm × 1194mm　1/32
　　　　　　印 张：5.25　字 数：112 千字
版　　次／2014 年 12 月第 1 版　2014 年 12 月第 1 次印刷
书　　号／ISBN 978 - 7 - 5097 - 6481 - 7
定　　价／25.00 元